MES CONFITURES

Paru dans Le Livre de Poche :

LES RECETTES DE CUISINE DU DIMANCHE

Jean-Pierre Coffe

Mes confitures

Photographies de Philippe Exbrayat

PLON

© Éditions Plon, 2008.
ISBN : 978-2-253-13144-1 – 1re publication LGF

Sommaire

Préface 9
Les confitures 13
Le sucre 23
Les fruits 37
Le matériel 43
Choix et fermeture des pots 49
Les avatars 55
La confiture et la santé 59
Les confitures industrielles 61
Du bon usage des confitures 63
Recettes 67
    L'Abricot 69
    L'Ananas 77
    La Banane 83
    Le Cassis 91
    La Cerise 95
    La Châtaigne ou le Marron 109
    Le Citron 113
    La Clémentine 119
    Le Coing 125
    La Figue 135
    La Fraise 141

La Framboise	149
La Groseille	153
Le Kiwi	167
Le Kumquat	173
La Mangue	179
Le Melon	185
La Mirabelle	193
La Mûre	199
La Myrtille	205
L'Orange	215
La Pastèque	225
La Pêche, la Nectarine, le Brugnon	231
La Poire	239
Le Pomélo (Pamplemousse)	245
La Pomme	251
La Prune	257
Le Raisin	263
La Rhubarbe	271
La Tomate	275
Table des recettes	281

Préface

Au Bonheur des fruits, petit traité des confitures, compotes, douceurs et autres plaisirs, est paru en 1996. Il fut rapidement épuisé. Pendant les onze années qui ont suivi, j'ai passé beaucoup de temps à confiturer et à confiturer encore.

Cette longue période me permet aujourd'hui d'affirmer que les exigences souvent contraignantes qu'imposent la mise en œuvre et la réussite des confitures ne sont pas vaines.

J'insistais beaucoup dans ce premier livre sur l'obligation impérieuse de choisir des fruits à maturité.

Je n'ignore pas combien c'est compliqué : les fruits viennent souvent de loin, le voyage – même par avion – ne les arrange pas, les variations de température de grande amplitude les massacrent, la cueillette avant maturité ne permettra pas la transformation de l'amidon en sucre. Jamais. Une confiture de prunes violettes en provenance de Nouvelle-Zélande ne développera pas la saveur exquise d'une confiture de quetsches cueillies dans les environs de Ribeauvillé.

Souvent on pense qu'un fruit taché, égratigné, blet peut devenir un fruit à confiture. Faux, archifaux. On ne réussit les confitures qu'avec des fruits sains, en parfait état. C'est pourquoi il faut privilégier les fruits de proximité.

En confiturant, j'ai appris à utiliser certains matériels au détriment d'autres. Ainsi, la découverte de l'extracteur de jus fut pour moi une révélation : il simplifie considérablement la confection des gelées dont je suis si gourmand.

On imagine mal les progrès qui ont été accomplis dans le domaine pratique. Prenons l'exemple des pots : il y a onze ans, les pots classiques faisaient intervenir pour un bouchage parfait la paraffine, le papier sulfurisé trempé dans de l'eau-de-vie, puis le papier Cellophane – gare, si on avait oublié l'élastique! Ils existent encore, tout comme les pots à fermeture «Familia-Wiss», impeccables pour les conserves, mais inadaptés à la préservation des confitures d'une famille normale – les contenants sont trop grands. En une décennie, l'hégémonie des pots à fermeture «Twist-Off» s'est établie et leur praticité est incontestée. Que faire alors de nos pots classiques qui encombrent placards et greniers? Les offrir. Chaque fois que j'entreprends de confiturer, je réserve quelques pots traditionnels pour en faire cadeau à mes amis. C'est ainsi que j'ai commencé à me débarrasser de mes pots «classiques» car, vous le savez, les amis oublient toujours de restituer les pots de confiture vides; et comme il faut bien renouveler son stock, je montre une tirelire qui se remplit jusqu'au moment où il me faut acheter un nouvel assortiment de pots – à fermeture «Twist-Off», cela va sans dire.

Pendant un temps, j'ai voulu, comme beaucoup d'autres, faire des mélanges avec des épices, avec des fruits exotiques... Je n'en ai pas tiré grande satisfaction. Il me semble qu'il faut s'en tenir à l'essentiel : des fraises bien mûres, cuites en quatre étapes, par exemple, plutôt que des fraises, de la vanille, du pomélo et des noix. Je suis maintenant convaincu qu'il faut privilégier, si les mélanges s'avèrent nécessaires, les fruits de même saison. Et il me paraît superflu d'ajouter du rhum, du miel, de la cardamome, du chocolat ou de la cannelle à des fruits dont le goût originel est suffisant et n'a aucune raison d'être masqué.

S'il est une tendance que je n'approuve pas, c'est l'utilisation du four à micro-ondes pour faire les confitures. Cette idée de «confiturer minute» est le contraire même du principe des confitures dont la règle première est le temps : une cuisson longue pour obtenir une bonne conservation.

Les bases sont sucre et fruits, tout dévoiement n'est plus confiture.

Jean-Pierre COFFE

Les confitures

Les confitures

Les confitures doivent se faire dans un état d'esprit de liberté. La fantaisie et l'imagination doivent régner en maîtres. Trop souvent, des jeunes femmes prêtes à « entrer en confitures » abandonnent avant même d'avoir commencé : « Je ne comprends rien au *petit boulé*, à la *grande plume*, à la *nappe* ou au *perlé* ; c'est trop compliqué, je baisse les bras. » Elles ont raison, c'est trop compliqué. Bannissons les termes techniques, les a priori, les conventions, les règles. CONFITURONS, CONFITURONS HEUREUX ET LIBRES.

Faire des confitures doit rester un plaisir, des plaisirs, celui d'en faire et celui de les offrir. Comment imaginer le plaisir quand on risque de se brûler les doigts pour vérifier si le sucre est bien au petit lissé ? Le plaisir est avant tout dans l'envie, l'envie de confiturer, puis de choisir, cueillir ou ramasser les fruits, les préparer pour la cuisson ou la macération, les regarder confire dans le sirop, les mettre en pots. Le plaisir s'intensifie dans l'attente de la dégustation car la confiture est aussi l'école de la patience. Pour goûter, elle doit refroidir et cela demande quelques heures. Ce temps qui s'écoule lentement est toujours trop long, la tentation de mettre le doigt dans le pot peut devenir irrépressible, c'est alors la déception : tiède, la confiture ne répond jamais à nos espérances. On attend souvent une nuit. Au réveil, on est souvent pris d'une sorte d'exaltation et on goûte, bouche propre, avant même de préparer le thé ou le café. Qu'elle soit trop liquide, trop ferme, qu'un mélange manque d'harmonie, que le parfum d'un des fruits domine les autres, peu importe. Il n'y a jamais de catastrophe dans les confitures. Celle que vous aimez moins trouvera toujours un amateur qui saura sincèrement vous rassurer et vous convaincre.

Les confitures familiales ont évolué en fonction des progrès techniques des modes de cuisson, de la recherche et des goûts.

Les temps de cuisson sont fonction de la puissance de chauffe des fluides utilisés. La cuisson dans la cheminée ou celle au gaz ne requièrent ni le même temps ni la même attention.

La mesure des taux de sucre ou d'acidité, la teneur en pectine, plus ou moins importante selon les fruits, sont des découvertes récentes qui ont permis de modifier les temps de cuisson et les quantités de sucre.

Les goûts se sont transformés, souvent en fonction des lobbies. Durant de nombreuses décennies, une des règles d'or était le rapport sucre/fruits toujours égal à 50/50 alors que, maintenant, on recherche des confitures moins sucrées, ce qui nous paraît être la négation même de la confiture.

Revenons à des règles simples et débarrassons-nous de quelques idées reçues.

D'Alembert dénombrait huit sortes de confitures : les confitures liquides, les marmelades, les gelées, les pâtes, les confitures sèches, les fruits candis, les dragées et les conserves. Sans manquer de respect à cet éminent philosophe, limitons-nous aux confitures et aux gelées. Qu'est-ce qu'une marmelade sinon une confiture de fruits passés ou écrasés par la cuisson ou un moyen mécanique quelconque, et portés par la cuisson à une certaine concentration qui en assurera la conservation naturelle ? À l'exception des marmelades d'agrumes, le législateur ne fait plus de différence. Ne soyons donc pas plus légalistes que le législateur et contentons-nous de confitures. Les pâtes sont devenues les pâtes de fruits, nous ne considérons pas que ce soient des confitures, tout comme les confitures sèches, qui sont des fruits séchés après avoir bouilli dans le sirop, ou les fruits candis. Ne parlons pas des dragées qui font partie intégrante de l'art de la confiserie et n'ont rien à faire dans nos confitures familiales. Pour d'Alembert, les conserves étaient une espèce de confiture sèche, il n'y a pas lieu de s'y attarder.

Restons-en donc à notre classification confitures et gelées.

CONFITURES

La confiture est un mélange de sucre et de fruits, légumes, fleurs, racines, entiers ou coupés en morceaux, cuits ensemble à une certaine température pour leur assurer à un certain degré de concentration une bonne conservation.

Pour obtenir la meilleure conservation, la confiture doit contenir 65 pour cent de sucre. Ce pourcentage tient compte du sucre naturellement contenu dans les fruits – 10 à 15 pour cent – et de la concentration due à la cuisson. Ainsi, en comptant poids égal sucre/fruits dans la plupart des recettes de confitures, on obtient le pourcentage nécessaire : 15 pour cent de sucre de fruit plus 50 pour cent de sucre ajouté, soit 65 pour cent. Certains fruits contiennent naturellement plus de sucre que d'autres, c'est le cas de la framboise, des prunes, du cassis, des poires et de certaines pommes très douces. On peut alors réduire les quantités de sucre.

La bonne conservation dépend également de l'acidité du fruit qui s'oppose au développement des bactéries tout en évitant la cristallisation du sucre. Il est bon d'ajouter deux cuillerées à soupe de jus de citron par kilo de mélange sucre/fruits réparties ainsi : un tiers en début de cuisson, deux tiers en fin de cuisson pour favoriser la prise de gel en abaissant le pH. Certains fruits sont plus acides que d'autres, selon les espèces et le degré de maturité, cassis, citrons, groseilles, pomélos, prunes, reines-claudes, rhubarbe se suffisent à eux-mêmes.

La pectine participe comme l'acidité à la bonne réussite des confitures. Cette molécule végétale se trouve en proportion variable dans les parois des cellules constitutionnelles des fruits et varie également selon les espèces et le degré de maturité. Ce sont des substances gélifiantes neutres, constituées de glucides. Ces molécules se trouvent surtout dans la peau et le trognon des fruits. Elles ont la propriété, au contact du sucre et de l'acidité des fruits et sous l'effet de la cuisson, de se transformer en gel et d'assurer ainsi une certaine tenue aux confitures et en particulier aux gelées. Les fruits riches en pectine sont les cassis, citrons, coings, groseilles, oranges, pomélos, pommes et prunes. Pour compenser la carence en pectine de certains fruits, on peut enrichir les confitures de ceux qui en manquent en les mélangeant avec ceux qui en ont. On peut ajouter de la pectine du commerce sous forme de gélifiant en poudre, ou remplacer le sucre cristallisé par un sucre gélifiant ou un sucre spécial confiture. Il faut alors vérifier scrupuleusement qu'il s'agit de pectine naturelle sans aucun ajout chimique.

Pour vérifier la teneur en pectine d'un fruit, on peut mélanger une cuillerée à café de jus du fruit cuit et refroidi à une cuillerée à soupe d'alcool. Un jus riche en pectine forme un bloc compact, un jus à teneur moyenne donne deux ou trois petites boules, un jus à teneur faible forme des particules éparpillées.

N'oublions pas le rôle important de la cuisson dans la conservation des confitures. Son but est d'éliminer les micro-organismes nuisibles à sa bonne conservation en amenant le mélange fruits/sucre à la concentration idéale de 65 pour cent de sucre. On ne peut donc que constater le paradoxe de vouloir des confitures peu sucrées.

La cuisson doit être juste. Trop courte, l'eau de végétation contenue dans les fruits et celle nécessaire à la confection du sirop n'auront pas le temps de s'évaporer suffisamment, comme le sucre de se concentrer : le risque est alors la fermentation par manque de concentration. Lorsque la cuisson est trop poussée, la confiture brunit – c'est le moindre mal –, mais surtout la concentration est trop forte, il y a risque de cristallisation.

En ce qui concerne la cuisson, deux grandes méthodes :

PREMIÈRE MÉTHODE :
LES FRUITS SONT POCHÉS DANS UN SIROP.

Le principe est simple, il consiste à préparer un sirop à partir du poids de sucre déterminé par le poids des fruits puis, dès qu'il est à ébullition, à y plonger les fruits et les y laisser cuire pendant un certain temps – jamais plus de vingt minutes –, puis à mettre en pots. À partir de cette méthode, plusieurs variantes sont possibles. Elles sont souvent fonction de la texture des fruits ou des goûts :

a) Après que les fruits ont été plongés dans le sirop et que l'ébullition est repartie, on laisse les fruits trois minutes puis on les retire délicatement avec l'écumoire. On maintient l'ébullition du sirop pendant une dizaine de minutes avant de replonger les fruits pour encore trois minutes. Ces opérations faites, on met en pots : les fruits d'abord, le sirop ensuite.

b) Après avoir plongé les fruits dans le sirop, on laisse cuire à ébullition cinq minutes. On arrête la cuisson et on verse l'ensemble dans un récipient pour le laisser refroidir. Après refroidissement complet, on fait à nouveau repartir la cuisson à ébullition, lentement, pour trois ou cinq minutes avant de mettre en pots. On peut aussi, après arrêt de la cuisson et refroidissement, laisser macérer les fruits dans le sirop pendant vingt-quatre heures et reprendre la cuisson pour cinq minutes. Certains renouvellent l'opération trois, voire quatre fois. Trois cuissons se prêtent à certains fruits, notamment les fraises, on obtient alors des fruits confits dans un sirop très dense.

Plus les confitures sont cuites ou recuites, plus leur couleur s'assombrit. En l'occurrence, il y a donc un choix à faire : goût ou esthétique.

DEUXIÈME MÉTHODE :
LES FRUITS MACÈRENT DANS LE SUCRE.

Les fruits sont mélangés avec le sucre en quantité égale et macèrent de quelques heures à vingt-quatre heures, selon la nature des fruits et la quantité de jus qu'ils rendent :

a) On récupère le jus que l'on porte à ébullition pour y plonger les fruits. Après un temps de cuisson que l'on appréciera selon la texture du fruit, on les retire du sirop et on les répartit dans les pots ; après avoir laissé le sirop réduire pendant cinq minutes environ, on complète les pots.

b) On met à cuire très lentement le mélange sucre/fruits avec un verre d'eau. Lorsque le sirop est à ébullition, on laisse cuire :

– soit cinq à vingt minutes selon la texture des fruits avant de mettre en pots,

– soit trois minutes, puis on retire les fruits soigneusement avec une écumoire, on laisse réduire le sirop dix minutes avant de remettre les fruits pour trois minutes et on met en pots,

– soit, après trois minutes de cuisson, on laisse refroidir et on fait repartir la cuisson jusqu'à ébullition, on la maintient trois minutes et on met en pots.

Quelle que soit la méthode choisie, les fruits doivent toujours macérer à l'abri de la lumière. Ils conservent ainsi leur couleur naturelle.

GELÉES

La gelée est un mélange de sucre et de jus de fruit, cuit à un certain degré de concentration pour en assurer la conservation naturelle.

Le jus de certains fruits ne peut pas prendre en gelée, il manque d'acidité ou de pectine. À l'exception du jus de la groseille, du coing, du cassis, de la pomme, de la prune et des agrumes en général, naturellement très riches en pectine, on est souvent obligé de recourir aux gelées mixtes en ajoutant au jus du fruit choisi celui d'un autre, très gélifiant.

Contrairement à ce qui se dit, les gelées ne sont pas plus compliquées à réaliser que les confitures, elles demandent seulement davantage de temps.

Certaines gelées se font à froid, leur préparation est longue. Le principe consiste à mélanger le jus des fruits avec du sucre. On tourne jusqu'à ce que le sucre soit entièrement fondu. Pour faciliter le travail, nous avons un truc : nous faisons chauffer le sucre sur une plaque dans le four, sans le laisser roussir évidemment. Chaud, le sucre s'incorpore plus facilement.

À chaud ou à froid, la préparation du jus demande du soin car il doit être limpide, sans impuretés ni traces de pépin, d'écorce ou de pulpe.

MÉTHODE

Il n'y a qu'une méthode pour faire de la gelée à chaud, mais plusieurs techniques pour extraire le jus.

a) Passer les fruits à la centrifugeuse : le jus est extrait directement, on peut le filtrer au tamis ou dans un linge pour obtenir un maximum de limpidité.

b) Faire cuire les fruits dans la bassine à confiture, avec un demi-verre d'eau pendant cinq à dix minutes jusqu'à ce qu'ils éclatent. On les laisse reposer sur le tamis pour récupérer un jus très clair.

Si on attache peu d'importance à la translucidité de la gelée, on passe les fruits au moulin à légumes, grille fine, ou on les presse au travers d'un linge ou d'un sac muni d'un anneau de serrage que l'on trouve dans le commerce.

c) Utiliser un extracteur de jus, appareil du genre couscoussier qui s'adapte à tous les types de feu. Il comporte trois éléments superposés, plus un couvercle. Le compartiment supérieur, panier à fond perforé, est destiné aux fruits, le compartiment inférieur à l'eau, le compartiment intermédiaire est équipé d'une cheminée centrale pour laisser passer la vapeur et d'un petit tuyau muni d'une pince pour évacuer le jus récupéré.

Son maniement est extrêmement simple : remplir d'eau froide le récipient à eau – veiller à ce que l'eau soit toujours à niveau, il faudra rajouter éventuellement de l'eau bouillante –, poser au-dessus le récupérateur de jus après avoir introduit le tuyau muni de sa pince dans la canule. Installer le compartiment supérieur cuit-vapeur. Y déposer les fruits après les avoir passés sous l'eau (sans les faire tremper) et les avoir coupés s'il y a lieu, en alternant une couche de fruits, une couche de sucre. Couvrir et mettre sur le feu.

L'extracteur de jus permet de réaliser des jus de fruits dont le goût et les vitamines n'auront été altérés par aucun traitement.

Avec un extracteur de jus, la réalisation de gelées devient un jeu d'enfant. Vous pourrez devenir une confiturière ou un confiturier émérite. La vie sera simplifiée : plus de filtrations, plus de tamis ni de linge. Le jus obtenu est limpide et parfumé.

Temps d'extraction et quantité de sucre (à déduire de la quantité totale) :

Fruits	Temps en min	Quantité en g	Fruits	Temps en min	Quantité en g
Ananas	25	80	Myrtille	50	250
Cassis	50	250	Orange	20	100
Cerise	50	250	Pêche	45	250
Coing	90	300	Poire	55	100
Fraise	35	100	Pomme	55	150
Framboise	30	50	Prune	50	200
Groseille à maquereau	60	300	Raisin	55	200
Melon	50	250	Rhubarbe	60	350

Le jus obtenu se mélange à poids égal avec le sucre cristallisé, moins la quantité utilisée pour saupoudrer les fruits si on utilise un extracteur de jus. Dans la bassine à confiture, ce mélange est porté lentement à ébullition. Très lentement. La cuisson varie selon les fruits, de trois minutes pour la groseille jusqu'à quinze minutes pour les autres fruits.

À travers ces méthodes pour faire des confitures et des gelées et leurs variantes, on a pu constater un certain nombre de constantes, indépendantes de la volonté du confiturier : le taux d'acidité et de pectine. L'excès ou le manque de l'une et de l'autre peuvent se compenser, comme nous l'avons vu, mais de façon approximative. La cuisson est une donnée objective de la confiture, indispensable – sauf dans le cas de gelée à froid –, la seule, avec la qualité des fruits, que l'on puisse contrôler. Les contrôles portent sur la durée et la température de la cuisson et leurs conséquences sur la consistance de la confiture.

Avec un peu de pratique, on se découvre un instinct de confiturier qui rend tous les contrôles obsolètes. Cette sensation est inexplicable mais on *sent* le moment où la cuisson est arrivée à son terme, où il *faut* mettre en pots. Cette pratique s'acquiert en confiturant et en confiturant encore. L'observation de la densité de la vapeur qui s'échappe de la bassine fait partie de l'apprentissage du confiturier : quand l'eau contenue dans les fruits s'évapore, le volume de la vapeur est important, lorsque cette phase se termine, on écume, les fruits sont immergés, la densité de la vapeur se fluidifie, les bouillons de l'ébullition sont plus serrés et les moments qui suivent sont décisifs. En attendant, on peut avoir recours à deux auxiliaires rassurants : le thermomètre et l'assiette glacée par un séjour au congélateur, ou une soucoupe placée dans le casier à glace du réfrigérateur, sur laquelle se figera une goutte de sirop lorsque la confiture sera cuite.

Libérés des contraintes techniques, des impératifs incontrôlables de la maturité physiologique des fruits, laissons-nous aller à la fantaisie et à l'imagination. *Il faut savoir oser.* Rien de plus amusant que de tenter des assemblages, mêler des saveurs, jouer le hasard par des mariages de fruits improbables. On peut aussi remplacer le verre d'eau nécessaire à la fabrication du sirop par un verre de tisane ou de décoction, ou des ajouts d'épices, de plantes aromatiques.

Tous les excès sont possibles, il faut seulement les noter soigneusement pour pouvoir les renouveler, le lendemain ou l'année suivante. La confiture est l'école de la patience, on vous l'a déjà dit.

Le sucre

L'usage du sucre est si naturel, si évident, si commun qu'on oublie, en laissant tomber un morceau de sucre dans son café, qu'il fut à l'origine d'une des pires ignominies de l'humanité : l'esclavage.

Aussi loin que l'on remonte l'Histoire, le sucre fut l'objet de toutes les convoitises. Il est difficile d'imaginer aujourd'hui ce que le sucre a pu représenter : des pays, des villes ont bâti leur fortune, leur destin sur le commerce ou le trafic du sucre, des pouvoirs ont été établis grâce au sucre, il suscita l'intensification du trafic maritime et participa même à la création d'industries prospères. Il fut tout à la fois monnaie et imposé, taxé comme le sel. Le sucre a participé à la transformation de la planète.

Les Chinois revendiquent la paternité de la fabrication du sucre à partir de la canne. Ils revendiquent souvent le riz et quantité d'autres choses. Ils prétendent même que le berceau du sucre était la région de Kouang-tcheou (Canton), ils oublient pourtant que l'origine du mot et la chose seraient indiennes. Étymologiquement, *sarkara* vient du sanscrit, la langue sacrée des brahmanes, qui a ensuite donné le radical arabe *sukkar* ou *soukhar*, puis *chekar* en persan, *saccharum* en latin, *zucchero* en italien et *sugar* en anglais. N'abusez pas, messieurs les Chinois, vous savez parfaitement que la légende affirme que les ancêtres de Bouddha sont originaires du pays du sucre et que Gur était le nom que l'on donnait au Bengale. Relisez vos textes et vous aurez confirmation que c'est au Bengale, justement, que votre empereur Taï-hung envoya des ouvriers apprendre à fabriquer le sucre. Ah mais !

Darius Ier, roi de Perse, part à la conquête de la vallée de l'Indus au VIe siècle avant J.-C. et découvre ce «roseau qui offre du miel sans le secours des oiseaux». Il conserve jalousement et le monopole de la culture de la canne à sucre et le secret de sa transformation en sirop. Le sucre – *chekar* en persan – est assimilé à la douceur, à l'amant et à la beauté. Les allusions au sucre, image même de l'agréable, du bonheur, sont innombrables dans la poésie persane. Les exemples sont nombreux : *chekar bâdâm* signifie «sucre amande», autrement dit les lèvres et les yeux de l'amant; *chekar xand*, «sucre sourire», le rire de l'amant.

Les monopoles, comme les bonnes choses, n'ont qu'un temps, l'Empire s'écroule et Néarque, amiral d'Alexandre le Grand, fait découvrir à l'Occident, en 325 avant J.-C., le miraculeux roseau. Les naturalistes grecs et romains appellent le sucre le «sel indien», «espèce de miel qu'on trouve dans les roseaux qui ressemble au sel par sa consistance et craque sous la dent». Pline l'Ancien (Ier siècle avant J.-C.) parle du sucre en ces termes : «L'Arabie produit du sucre, mais celui des Indes est plus renommé. C'est un miel cueilli sur des roseaux. Il est blanc comme la gomme, cassant sous la dent, les plus gros morceaux sont comme une aveline. On l'emploie seulement en médecine.»

L'usage du sucre est très limité jusqu'à ce que les Arabes découvrent la canne à sucre en envahissant la Perse au VIIe siècle. Ils apprennent des Perses l'art de fabriquer le sucre solide, réorganisent la production sucrière, implantent la culture. Vers l'an mille, ils installent en Crète la première raffinerie «industrielle». Pour l'occasion, ils débaptisent l'île qu'ils appellent Candie (*kuandi* signifie en arabe «sucre cristallisé»). L'exploitation de la canne à sucre se développe dans tout le Moyen-Orient, le pactole sucrier fut considérable, probablement à l'origine de la richesse légendaire des princes des Mille et Une Nuits. La fertilité de l'esprit inventif des Arabes leur fit découvrir le caramel, dont le principal intérêt était de permettre d'épiler le bas-ventre des danseuses de harem.

Les croisades marquent une grande évolution dans l'histoire du sucre, les effluves sucrés qui embaument tout le Moyen-Orient émeuvent l'odorat des croisés, leur gourmandise s'éveille et les possibilités de lucre par le sucre ne les laissent pas indifférents ; d'ailleurs ils rapportent des drageons de canne à sucre dans leurs bagages, mais les tentatives de plantation en Europe échouent. La mode du sucre se répand alors très vite en France, en Angleterre et dans toute l'Europe. La demande s'accroît. La France devient la plaque tournante du commerce, nos ports se développent, nos villes s'enrichissent et nos seigneurs « se sucrent » au passage en prélevant taxes et péages. La France n'est pas seule à en profiter, Venise et Gênes prospèrent, et les villes de la Hanse, dans leur ensemble, confortent leur hégémonie commerciale sur tout le nord de l'Europe.

Le sucre était une denrée horriblement chère, essentiellement consommée par les cours royales et en vente chez certains apothicaires. Il bénéficiait d'appellations proches de nos AOC, définies soit par son origine géographique, soit par sa forme. Le *candi* est originaire de Candie (en Crète), ses cristaux sont énormes ; le *muscarrat*, considéré comme le meilleur de tous les sucres, est fabriqué en Égypte ; le *casson*, ancêtre de la cassonade, donc de notre sucre en poudre, arrive de Chypre ou de Rhodes ; le *caffetin* est fabriqué à Caffa, en Crimée. Quant au *barbarie*, seule la ville de Bruges le vendait.

Tout semblait réglé au royaume du sucre quand les Portugais découvrent que la fameuse canne, objet de toutes les convoitises et de tous les profits, pousse parfaitement à Madère qu'ils viennent de conquérir. La pagaille commence, la guerre du sucre s'installe et se prolongera jusqu'après la Seconde Guerre mondiale. La découverte du Nouveau Monde ne fait qu'aggraver la situation. En 1506, un compagnon de Christophe Colomb apporte des plants de canne à sucre dans l'actuelle Saint-Domingue ; dix ans plus tard, l'île possède huit plantations. À partir de cette île des plants de canne parviennent à Cuba, à Porto Rico et à la Jamaïque. En 1520, les Portugais introduisent la culture au Brésil, puis au Mexique, puis dans leurs possessions antillaises. L'Espagne avait du sucre, mais son exploitation était peu rationnelle. Les cannes, tronçonnées, traversaient l'Atlantique par bateau pour être raffinées en Europe. Le voyage était interminable et le résultat du raffinage médiocre, personne n'ayant encore découvert que la canne perd très rapidement son pouvoir sucrant après la récolte. Qu'importaient les prix de revient ou la qualité, tout le monde avait son indépendance sucrière, mais tout le monde voulait aussi conserver ses privilèges. Les Hollandais intensifient la production mais, plus malins que la concurrence, ils installent sur place des raffineries. Prix de revient et transport moins coûteux leur permettent de maintenir une place prépondérante. Les Vénitiens, dont la position quasi monopolistique dans toute la Méditerranée s'effondre, installent des raffineries et obtiennent de la canne à prix « cassé » auprès de leurs fournisseurs musulmans. Rien de nouveau sous le soleil, la bagarre fait rage, elle enrichit les nations, fait baisser les prix et permet ainsi aux populations modestes de goûter enfin les épices des riches.

Il faut attendre 1640 pour que les Français se décident à planter la canne à sucre aux Antilles françaises. Pour une fois, ce retard fut un bien, nous avons pu éviter les erreurs de nos voisins et Colbert, qui avait encouragé des raffineries à Bordeaux, Marseille, Rouen, La Rochelle, Nantes, put se féliciter de voir le pays gagner son indépendance vis-à-vis de l'étranger. Tout allait bien, trop bien dans les royaumes sucriers. La production grimpait en flèche, l'argent rendait aveugle. Bientôt la main-d'œuvre vint à manquer : les Indiens réquisitionnés mouraient à la tâche, les émigrants – de braves paysans vendéens –, les expatriés, exténués, désertaient l'enfer moite des plantations. Le climat chaud et humide des îles rendait le travail inhumain.

C'est alors que les colons et les planteurs, pour éviter que la courbe ascendante de leurs bénéfices ne s'infléchisse, en accord avec une métropole soucieuse de rentabiliser ses investissements et avide de profiter des richesses promises, trouvèrent la solution la plus ignominieuse qui soit : l'esclavage. Un continent dépeuplé, des milliers et des milliers d'hommes tués à la tâche, pour enrichir un peu plus quelques colons. Durant trois siècles, les Caraïbes deviennent le grenier à sucre de la métropole. À la Révolution, l'Europe consomme 80 000 tonnes de sucre. On jette un voile pudique sur le nombre d'esclaves assassinés.

Pouvait-on éviter ce massacre ? Oui, si (tout le monde sait qu'avec des si…) on avait prêté plus d'attention aux recherches d'Olivier de Serres. Dès 1575, il a conscience de la richesse en sucre de la betterave. Personne ne s'y intéresse, pas même Henri IV auquel il fait un rapport détaillé. Il faut attendre 1747 pour que le chimiste allemand Marggraf essaie pour la première fois d'utiliser la betterave pour faire du sucre. Sa tentative réussit, mais le processus était très long, très pénible, entrepris avec des moyens insuffisants. La betterave d'alors, dont la teneur en sucre était minime, n'était pas comparable à notre betterave à sucre d'aujourd'hui. La découverte était d'importance mais elle resta sans suite. Une quarantaine d'années plus tard, Frédéric Achard, disciple de Marggraf, reprend ses travaux et parvient à extraire le sucre de la betterave et à le solidifier. Le roi de Prusse s'intéresse à cette découverte et décide d'installer une unité de raffinage industriel en Silésie. En France, il faut attendre les travaux de Chaptal, les guerres napoléoniennes et surtout le Blocus continental, qui nous coupe de nos approvisionnements coloniaux, pour qu'enfin l'avènement de la betterave soit irréversible. Grâce à Napoléon, l'histoire du sucre est bouleversée. L'Empereur confirme une vision industrielle, commerciale, économique et politique exceptionnelle, il fait ensemencer en betteraves 32 000 hectares, distribuer cinq cents licences de fabricant de sucre, exempte d'impôts pour quatre ans tout producteur capable d'en raffiner plus de dix tonnes. En 1811, la première sucrerie est édifiée à Passy, dans les faubourgs de Paris, par Benjamin Delessert. Le 2 janvier 1812, Delessert reçoit la Légion d'honneur des mains de l'Empereur à qui il vient de présenter le premier pain de sucre de betterave. Le sucre de betterave, moins cher que le sucre de canne, devient accessible à tous.

Un autre événement important bouleverse l'économie sucrière mondiale : l'abolition de l'esclavage en 1848. Les prix du sucre de canne grimpent, les marchés s'effondrent.

On est en droit de se demander ce qu'est exactement le sucre pour être l'objet de tant de convoitise, de haine. Pourquoi des guerres, pourquoi des morts ?

DES CHIFFRES ÉTONNANTS

Dès la fin du XIXe siècle, la France est le premier producteur européen de sucre de betterave, avec 450 000 tonnes, et couvre les trois cinquièmes de la production mondiale. Au début du XXe siècle, la production mondiale dépasse les 10 millions de tonnes. Un siècle plus tard, elle est estimée en 2006/2007 (du 1er octobre au 30 septembre) à 151 millions de tonnes de sucre brut.

Aujourd'hui, la France compte trente sucreries en métropole et cinq dans les DOM, et a produit 4 397 000 tonnes de sucre blanc sur la campagne 2005/2006. Nous restons le premier producteur européen de sucre.

Outre les confitures qui nous intéressent et les conserves de fruits, le sucre intervient dans la fabrication des chocolats et des confiseries ainsi que dans de multiples boissons, simplement rafraîchissantes mais aussi spiritueuses (liqueurs, sirops et crèmes), effervescentes (champagne), ainsi que dans le vin quand il est chaptalisé. On retrouve du sucre dans les pâtisseries, les yaourts, les petits déjeuners, les préparations pour desserts, les crèmes glacées et certains laits concentrés et en poudre.

Principales utilisations indirectes de sucre destinées à l'alimentation humaine

Tableau fourni par le CEDUS (Centre d'Études et de Documentation du Sucre)

Les 15 premiers secteurs utilisateurs (en tonnes) :

Produits consommés en France et produits exportés	2004	2005
Boissons carbonatées (1)	197 900	198 300
Chocolat et poudres pour petits déjeuners	195 723	197 054
Yaourts présucrés, laits gélifiés, crèmes desserts (1)	191 400	182 041
Biscuits sucrés, pâtisseries préemballées (1)	99 132	99 272
Sirops	110 000	91 000
Confiserie	80 089	76 867
Confitures et conserves de fruits (1)	72 440	63 500
Pâtisserie artisanale (1)	58 000	58 000
Viennoiseries préemballées (1)	57 700	57 700
Boissons plates	42 650	44 500
Glaces, sorbets et crèmes glacées	41 200	31 868
Céréales prêtes à consommer	30 221	30 580
Compotes et desserts à base de fruits	28 500	27 800
Desserts à préparer	25 729	24 768
Déclarations de chaptalisation	28 431	16 245

(1) Estimations.
En 2005, les 15 premiers secteurs représentent 73,10 % des utilisations alimentaires indirectes (industrie alimentaire et restauration hors foyers).

Sources : Alliance 7, Adepale, O.N.I.G.C., S.F.I.G., S.N.B.R, Unijus.

CANNE OU BETTERAVE, QU'EST-CE QUE C'EST ?

En jargon scientifique, le sucre est un composé à part égale de molécules de glucose et de fructose. On l'extrait de la canne et de la betterave, sans aucune modification chimique, mais on pourrait l'extraire de toutes les plantes contenant de la chlorophylle – il y est présent. On exploite le sucre d'érable au Canada, le sucre de palme et de coco en Thaïlande, le sucre de datte au Pakistan. On pourrait tout aussi bien fabriquer du sucre de petit pois, de carotte et, pourquoi pas, de poireau. La canne et la betterave ne se ressemblent absolument pas, mais elles ont au moins trois points communs : leur remarquable teneur en sucre, entre 11 et 25 pour cent ; leur capacité à perdre cette fameuse teneur en sucre si on ne les traite pas très vite après la coupe ou l'arrachage ; enfin, leur aptitude à supporter la mécanisation des récoltes.

Techniquement, le principe d'extraction des jus sucrés varie alors que celui de la cristallisation est identique. Le sirop de saccharose est composé dans des proportions variables de sucre, de glucose, de déchets organiques et surtout d'eau. On le filtre, l'épure, le refiltre encore pour obtenir un liquide jaune-brun, très dense. Après décantation, il contient 60 à 75 pour cent de sucre. Ce sirop obtenu est chauffé avec un mélange très pur de cristaux de sucre qu'on appelle l'eau mère ou, moins poétiquement, l'égout. Une amorce en quelque sorte. On obtient alors un sucre dit « premier jet » qui subit un « claircissage » à l'eau et à la vapeur pour donner le sucre blanc destiné à la consommation et à l'industrie. Un second essorage permet de récupérer un sucre de « deuxième jet ». Le « troisième jet » donne le sucre roux. Après ces différentes manipulations, il reste de la mélasse dont on tire de l'alcool, des aliments pour le bétail, des levures de panification, de l'acide glutamique et de l'acide citrique pour l'industrie. La mélasse participe même à l'élaboration de certains antibiotiques.

Les sucres, peu importe qu'ils soient issus de canne ou de betterave, ont des appellations précises établies selon des critères qui tiennent compte de l'aspect, du type de couleur du produit, de sa coloration en solution et de sa teneur en cendres. Dans un ordre décroissant, on trouve d'abord le « sucre raffiné » ou « blanc raffiné », puis le « sucre blanc » ou « sucre » et enfin le « sucre roux ». Il y a évidemment de nombreuses autres appellations : le « sucre pour confitures », sucre blanc additionné de pectine et d'acide citrique pour faciliter la prise des mélanges ; la « cassonade », un sucre cristallisé brut, de couleur brune, extrait de la canne uniquement ; le « sucre vanillé », aromatisé à l'extrait ou à l'essence naturelle de vanille (si l'arôme n'est pas naturel, la mention obligatoire est « vanilliné »). Il existe encore quelques sucres en sirop ou en solution, qu'on utilise surtout en confiserie.

Dans le commerce, le sucre se présente sous toutes sortes de formes et à tous les prix. Le cristallisé blanc, ou sucre cristal, est le moins cher de tous ; il sert aux confitures, aux liqueurs, on en trouve aussi sur les pâtes de fruits. Le traditionnel sucre en poudre, ou sucre semoule, s'obtient par tamisage. Le sucre glace, une poudre blanche très fine, est réservé aux desserts sans cuisson ; on l'obtient par broyage du sucre cristallisé.

Le sucre en morceaux fut inventé par un épicier parisien nommé Eugène François. Il suffisait de mouler dans des formes appropriées du sucre cristal humidifié à chaud, puis séché. Enfin le sucre candi, qui peut être blanc ou brun, de canne ou de betterave, s'obtient par la cristallisation très lente d'un sirop d'une très grande pureté.

La principale qualité du sucre, c'est de sucrer… Le sucré fait partie des quatre saveurs fondamentales, avec le salé, l'acide et l'amer. C'est celle qu'on perçoit agréablement dès les premières heures de la vie. Le sucre contribue largement aux qualités organoleptiques des aliments : il joue un rôle d'agent de coloration avec le caramel, de texture (le corps), de conservation dans les confitures et les fruits confits, de fermentation pour le champagne et les pâtes levées ; c'est, enfin, un exhausteur de goût qui renforce les arômes.

Le sucre est partout. Son usage est universel, ses possibilités d'utilisation encore insoupçonnées. Il est source de plaisir.

LE SUCRE DANS LA CONFITURE

Le sucre est indispensable à la confiture, il est un de ses principes de base. N'oublions pas que la confiture est une technique de conservation des fruits et que son élément conservateur est le sucre. Toute tentative de fabrication de confiture avec des miels ou avec des édulcorants de synthèse est une aberration puisque les uns et les autres perdent leur pouvoir sucrant au-delà d'une certaine température.

La tendance actuelle est aux confitures «light», elles me paraissent la négation même de la confiture. Il me semble préférable de diminuer le volume de la caresse sur la tartine plutôt que de tartiner épais une confiture légère. Si l'on veut diminuer la quantité de sucre, on s'impose une cuisson longue occasionnant la délitescence du fruit, une coloration brunâtre de la confiture et la destruction des vitamines. À l'inverse, trop de sucre, cuit trop rapidement, empêchera l'extraction de la pectine des parois cellulaires des fruits.

Si on veut absolument diminuer la quantité de sucre, il faudra conserver les confitures dans le réfrigérateur. Est-ce la destination du réfrigérateur de conserver des confitures ?

LE CHOIX DU SUCRE

Le sucre doit être de belle qualité, blanc et brillant. On le choisira sous forme de semoule, donc plus raffiné mais un peu plus cher, ou cristallisé, idéal pour les confitures.

Le sucre en morceaux et le sucre roux sont à éviter, le premier fond plus difficilement et présente des risques de cristallisation, quant au second, il n'est pas raffiné, contient des impuretés et risque d'entraîner fermentation et cristallisation des confitures.

Qu'il soit de canne ou de betterave, il importe avant tout que le sucre soit raffiné.

Il existe des sucres « spécial confiture » enrichis de pectine et d'acide citrique. Ils permettent de réduire considérablement le temps de cuisson et de conserver ainsi aux fruits leurs vitamines. En utilisant ces produits, par paresse ou facilité, on ne se perfectionne pas et les chances de devenir un confiturier émérite s'amenuisent, mais dès l'instant où il s'agit d'un pis-aller, il serait absurde de mépriser leur usage. Il permet quelquefois, pour les débutants, des succès éclatants et largement encourageants.

On a raconté que les sucres gélifiants étaient nocifs pour la santé et fabriqués à partir de substances chimiques. C'est faux. La pectine est naturelle, extraite de la pomme, et l'acide citrique ne présente aucun risque pour la santé.

LA CUISSON DU SUCRE

Pour faire cuire les confitures on procède, comme nous l'avons vu, soit en plongeant les fruits dans un sirop, soit en chauffant sucre et fruits en macération.

Le sirop est un mélange de sucre et d'eau plus ou moins concentré par l'ébullition. Pour 1 kilo de sucre, il est bon d'ajouter 20 centilitres d'eau. Nous ne répéterons jamais assez que la bassine en cuivre est le meilleur conducteur de chaleur pour les confitures. On verse d'abord l'eau dans la bassine, puis le sucre. Il est bon de laisser le mélange eau/sucre s'opérer lentement en imprimant à la bassine un mouvement tournant ou en remuant délicatement avec une cuillère en bois exclusivement réservée à l'usage des confitures. La cuisson du sirop commence à feu doux. Quand le sucre a fondu, on augmente le feu progressivement pour chauffer le sirop et le porter au degré désiré.

CONTRÔLE
DE LA CUISSON DU SUCRE

Le confiturier se fiera à son instinct, à son intuition, pour apprécier le moment précis où le sirop atteint le degré de concentration idéal pour y jeter les fruits. Comme vous le savez, l'instinct ou l'intuition ne sont soumis à aucune méthode.

La méthode empirique ne demande aucune compétence, ni matériel particulier autre qu'une écumoire et une assiette préalablement passée au congélateur ou dans le bac à glace du réfrigérateur. Lorsque le sirop est à ébullition, on y trempe l'écumoire et on laisse tomber une goutte de sirop sur l'assiette. Si la goutte s'étale, le sirop est insuffisamment cuit, il faut donc continuer la cuisson. Si la goutte roule en perle sur l'assiette, le sirop est à point, on peut plonger les fruits. Cette méthode empirique est utilisable pour vérifier la cuisson des confitures proprement dites.

Pour plus de sérénité, on peut se servir d'un thermomètre : peu coûteux, il trouve sa rentabilité dans la quantité de confitures que vous pouvez faire. Sa graduation doit monter au minimum jusqu'à 130 °C, l'idéal étant 200 °C, il est protégé par une armature en Nylon ou en métal. Son utilisation est d'une grande simplicité quand la quantité de sirop est suffisante pour couvrir le degré choisi pendant l'ébullition. On le lit comme un thermomètre médical.

Le pèse-sirop, qu'on appelle aussi aéromètre, est un outil de professionnel. Les amateurs peuvent s'en servir mais il nous semble que pour commencer à confiturer, le matériel le mieux adapté est le thermomètre et, pourquoi pas, la bonne vieille méthode empirique qu'utilisaient nos ancêtres.

Dans son *Traité des confitures,* Nostradamus donne une définition des cuissons du sucre reprise dans *Le Confiturier royal,* paru en 1740, et dans *Le Pâtissier royal parisien* (1815). Ces ouvrages définissent la cuisson des sirops à partir de termes très explicites et poétiques : le petit et grand lissé (quand le sucre forme un filament, plus ou moins épais selon qu'il est petit ou grand), le perlé et le grand perlé (le sucre forme entre les doigts des petites boules plus ou moins grosses, comme des perles), le petit boulé et le grand boulé (la consistance du sucre est telle qu'on peut le faire rouler en boules sous les doigts). Lorsqu'on avance dans le temps, des expressions complémentaires apparaissent : la cuisson à la nappe (le sirop recouvre l'écumoire comme une sauce la cuillère), le petit ou grand soufflé, qu'on appelle aussi la petite ou grande plume, ou encore petite ou grande morve (en soufflant sur l'écumoire trempée dans le sirop, on aperçoit des bulles semblables à des bulles de savon, mais ne se décollant pas de leur support), le petit et grand cassé (le sucre a pris de la consistance et colle aux dents quand il est au petit cassé ; il se casse brutalement avec bruit au grand cassé). Le dernier stade de la cuisson du sucre est le caramel, étape où il perd sa couleur blanche et commence à se colorer d'une teinte d'abord imperceptible puis fonçant de plus en plus.

Tous ces termes de cuisson correspondent à des degrés de cuisson que nous avons précisés dans la plupart de nos recettes.

Les fruits

On peut faire des confitures avec des légumes, des fleurs, des fruits secs, mais dans la tradition et nos souvenirs les confitures sont avant tout fabriquées avec des fruits frais. Qu'ils proviennent d'une cueillette sauvage dans les bois ou sur la haie des chemins, du jardin ou du verger, qu'ils soient achetés directement chez le producteur ou au marché, ou que vous les ayez surgelé vous-même ou acheté surgelés, certaines règles sont à respecter, strictes, rigoureuses, si l'on veut réussir ses confitures.

Tous les fruits destinés aux confitures doivent être frais, sains, en parfait état et à maturité.

a) Frais : les fruits frais conservent un maximum de vitamine C. Ils doivent être utilisés le plus rapidement possible après la cueillette.

b) Sains : les fruits gâtés risquent d'empêcher la bonne conservation de la confiture et de lui donner un mauvais goût. Il faudra donc les choisir sans tache ni meurtrissure, ni piqûre d'insecte, ni évidemment trace de pourriture.

c) À maturité : un fruit mûr à point présentera une quantité de pectine qui permettra à la confiture de prendre à la cuisson ainsi qu'une acidité suffisante.

Les confitures, marmelades ou gelées ne sont pas des poubelles pour fruits gâtés.

LES FRUITS SAUVAGES

C'est avec les fruits sauvages que l'on fabrique les confitures les plus économiques. Aucun fruit cultivé – fraise, framboise, myrtille et mûre – n'égalera ceux cueillis dans les bois ou le long des chemins. Leur cueillette demande, impose le respect de la nature et un minimum d'altruisme. Il n'est donc pas question d'arracher les plants de fraisiers ou les branches des framboisiers ou d'utiliser des peignes pour les myrtilles (leur cueillette est souvent interdite ou réglementée, il est donc utile de prendre connaissance des arrêtés municipaux).

La cueillette des mûres est la plus couramment pratiquée mais, pour éviter les fruits traités par les insecticides ou les produits chimiques violents destinés à détruire les ronces, on cherchera à s'éloigner des routes et on préférera les chemins vicinaux.

Il est des amateurs de gelée de sureau dont les petits fruits rouges et noirs se récoltent sur un arbuste courant le long des haies, d'août à octobre.

On peut également, après les premières gelées, cueillir sur les églantiers les petites baies rouges qui portent le nom botanique de cynorhodons mais qu'on appelle familièrement des «gratte-cul». Le nom est plus amusant à énoncer que la gelée à faire. À l'intérieur de la baie, on découvre une touffe de poils que, dans notre enfance, nous prenions plaisir à glisser dans le pull-over des filles pour les voir se trémousser.

Les baies sauvages se cueillent selon ses besoins. Inutile de gâcher ce qui pourrait profiter aux autres.

LES FRUITS DU VERGER

Les statistiques prouvent que nous sommes de plus en plus nombreux à retrouver nos racines en cultivant un jardin et en entretenant un verger. Aussi, quand on a le privilège de pouvoir cueillir les fruits de son propre jardin, on est impardonnable de ne pas respecter les règles élémentaires de la cueillette.

a) Vérifier la maturité avant d'entamer la cueillette : les fruits ne sont pas mûrs à jour fixe, ni tous ensemble. Dès que l'on découvre le premier fruit tombé de l'arbre, il faut vérifier l'état de ceux qui y sont encore. Le pédoncule d'un fruit mûr se détache facilement de la branche. Ce n'est pas le fruit qui doit se détacher du pédoncule, ou alors il est trop avancé. La cueillette d'un fruit mûr ne demande aucun effort. On touche le fruit et il doit venir dans la main. S'il résiste, attendez le lendemain ou le jour suivant.

Les fruits trop mûrs sont délicieux à la dégustation, mais n'ont plus l'acidité nécessaire pour participer à la coagulation des confitures. Le meilleur rapport acidité/pectine se trouve donc dans des fruits à juste maturité.

b) Cueillir le matin, à la fraîche, après que la rosée est ressuyée : les fruits cueillis sous le soleil sont délicieux à manger à la main ou à table comme dessert, la chaleur exalte leur parfum, mais ils ne feront pas de bonnes confitures, tout comme les fruits cueillis sous la pluie.

c) Éviter les espèces précoces : dans un verger bien organisé il y a souvent plusieurs variétés d'un même fruit dont l'une est plus précoce que les autres. Il est, bien sûr, dommage de laisser perdre les fruits de cette variété mais ils rendent généralement beaucoup d'eau et seront donc exigeants en sucre.

LES FRUITS DU MARCHÉ

Acheter ses fruits dans le commerce n'est pas la méthode idéale pour faire des économies. On peut toutefois réaliser des bonnes affaires, mais pour cela il faut avoir un tempérament de joueur. C'est en effet en fin de marché, les week-ends, qu'on risque de négocier au meilleur prix les quelques colis qui peuvent rester sur les étals et dont le commerçant serait heureux de se débarrasser plutôt que de les savoir perdus. Le risque est que les beaux fruits repérés en début de marché aient tous été vendus avant la fin.

Quelques règles simples sont à respecter quand on achète sur les marchés.

a) Ne pas acheter de primeurs pour faire des confitures : les fruits en primeur manquent en général de maturité et leur taux de sucre est insuffisant pour participer à une réussite confiturière.

b) Savoir résister à la tentation : le premier fruit venu, séduisant, n'est pas nécessairement celui qui fera les meilleures confitures. Il faut d'abord faire le tour complet du marché, ne pas avoir peur de noter les prix, de toucher, voire de goûter après avoir demandé la permission.

c) Se méfier des offres alléchantes : lorsque la pleine saison bat son plein, certains commerçants peu scrupuleux affichent des prix d'appel qui n'ont rien d'avantageux. Ils vendent des colis de cinq à dix kilos de fruits dits « à confiture » qui, rentrés à la maison, se transforment en fruits « à poubelle ». Les fruits du dessus sont parfaits, ceux du dessous sont inconfiturables.

LES FRUITS SURGELÉS

On peut faire d'excellentes confitures avec des fruits soigneusement congelés à la maison, d'autant que cette technique de conservation endommage les cellules des fruits et facilite ainsi la libération de la pectine qui permettra à la confiture de prendre à la cuisson.

Quand on possède un congélateur en bon état, efficace, et un verger généreux, on a intérêt à utiliser cette technique qui permet d'avoir des confitures fraîches toute l'année.

L'achat de fruits congelés dans le commerce pour faire des confitures est une hérésie, si ce n'est pour les faire participer à des mélanges que la saison ne permettrait pas autrement.

CALENDRIEFITURES

Mai/juin	Rhubarbe
Mai/août	Ananas de France (Antilles)
Mi-juin/mi-juillet	Cerise
Juin/septembre	Fraise
Fin juin/fin juillet	Groseille
Juillet/mi-août	Cassis
Juillet/septembre	Framboise
Mi-juillet/mi-aôut	Abricot
Juillet/août	Melon
Juillet/août	Brugnon et nectarine
Juillet/septembre	Pêche
Juillet/octobre	Tomate rouge et verte
Mi-août/mi-septembre	Mirabelle
Mi-août/mi-septembre	Myrtille
Août	Reine-claude
Août/décembre	Poire (selon les espèces)
Août/décembre	Pomme (selon les espèces)
Août/octobre	Figue
Août/octobre	Pastèque
Septembre/mi-octobre	Mûre
Septembre/octobre	Coing
Septembre/octobre	Raisin
Septembre/octobre	Rhubarbe
Octobre/décembre	Clémentine
Octobre/mars	Orange
Novembre/janvier	Châtaigne
Novembre/mars	Pomélo (pamplemousse)
Novembre/mars	Citron
Novembre/mars	Kiwi de France
Décembre/février	Mandarine
Toute l'année	Banane

Abricot	mi-juillet/mi-août
Ananas de France (Antilles)	mai/août
Banane	toute l'année
Brugnon	juillet/août
Cassis	juillet/mi-août
Cerise	mi-juin/mi-juillet
Châtaigne	novembre/janvier
Citron	novembre/mars
Clémentine	octobre/décembre
Coing	septembre/octobre
Figue	août/octobre
Fraise	juin/septembre
Framboise	juillet/septembre
Groseille	fin juin/fin juillet
Kiwi de France	novembre/mars
Mandarine	décembre/février
Melon	juillet/août
Mirabelle	mi-août/mi-septembre
Mûre	septembre/mi-octobre
Myrtille	mi-août/septembre
Nectarine	juillet/août
Orange	octobre/mars
Pomélo (pamplemousse)	novembre/mars
Pastèque	août/octobre
Pêche	juillet/septembre
Poire	août/décembre (selon les espèces)
Pomme	août/décembre (selon les espèces)
Raisin	septembre/octobre
Reine-claude	août
Rhubarbe	mai/juin
Rhubarbe	septembre/octobre
Tomate rouge et verte	juillet/octobre

Le matériel

À la fin du chapitre précédent, je vous sentais prêt(e) à entreprendre le voyage, vous vous disiez : « Finalement c'est simple les confitures, pourquoi n'en ai-je pas fait plus tôt, pourquoi m'être privé(e) et avoir privé mes proches de ce plaisir ? » À la lecture du titre de ce nouveau chapitre, ne dites pas le contraire, je vous sens réticent(e). Vous n'osez pas l'avouer, mais en votre for intérieur, vous vous murmurez : « Encore du matériel, ma cuisine est trop petite, elle est encombrée, je n'ai pas de place, cela va occasionner des dépenses supplémentaires. » Oh ! que voilà un faux prétexte. Pour vous en convaincre, passez tout de suite à la page suivante. Si, si, tournez la page. Lisez. Ce matériel inquiétant, vous l'avez. Il vous manque peut-être un ou deux instruments, un ou deux récipients, mais rien ne justifie que vous abandonniez l'expérience. La bassine en cuivre vous fait envie et vous ne l'avez pas. Ne vous inquiétez pas, vous l'aurez plus tard, elle n'est pas indispensable. Pas question de vous mentir, quand on a cette fameuse bassine en cuivre, l'âme du confiturier se révèle, se libère de certaines appréhensions. Elle permet de prendre de la hauteur, de la distance, de la mesure, de se sentir protégé par l'esprit des alchimistes et inspiré par Nostradamus.

Non, l'excuse du pèse-sirop est trop facile, vous pouvez aussi vous en passer, le thermomètre également. Arguments refusés, Votre Honneur. Pour vous convaincre, sachez qu'avant l'invention du thermomètre, on faisait des confitures depuis déjà bien longtemps !

Vous exagérez ou vous vous moquez de moi, les deux peut-être : ce n'est pas parce qu'on n'a pas de dénoyauteur qu'on se prive de faire des confitures. On peut se passer de confiture de cerises, on peut même se passer de dénoyauteur, il suffit de savoir utiliser un trombone... Oui, un trombone !

Vous êtes rassuré(e), lisez ce petit chapitre sur le matériel, je suis certain que vous l'avez.

Chacun dispose dans sa cuisine d'un équipement suffisant pour tenter les premières expériences confiturières. Conforté dans l'idée du plaisir de fabriquer soi-même ses confitures, on peut commencer alors à envisager l'acquisition d'un matériel spécifique, plus commode mais n'ayant pas un caractère indispensable. Et alors qu'on avance dans la connaissance, dans la spécialisation, on acquiert un matériel superflu pour le seul plaisir.

LE NÉCESSAIRE

– Un faitout, une bassine ou le récipient de l'autocuiseur.

On choisira de préférence l'aluminium, excellent conducteur de chaleur, le meilleur avec le cuivre, mais avec un cul dressé pour éviter que les confitures n'attachent.

On dresse le cul d'une casserole en emboutissant deux plaques de métal qui se marient sous l'effet de la pression. Un cul, digne de ce nom, exige une épaisseur minimum de 4 millimètres.

L'inox est à la mode, mais de par sa nature même, il n'assure pas une bonne répartition de la chaleur. Verticalement, la température monte vite ; horizontalement, les mets attachent. Le plaisir de faire des confitures ne réside pas dans le nettoyage et le grattage des récipients de cuisson. Quant à l'émail et au verre, ils sont inadaptés pour la fabrication des confitures.

– Une écumoire.

Pour écumer, remuer doucement, vérifier le degré de cuisson du sirop. De préférence en acier inoxydable.

– Une cuillère en bois naturel ou une spatule.

Pour remuer.

Cette cuillère aura de préférence un long manche pour éviter de se brûler à la vapeur de cuisson. Elle ne servira à rien d'autre qu'aux confitures pour éviter qu'un goût de ragoût indésirable ne se transmette à celui des confitures.

– Un économe ou couteau éplucheur.

En métal inoxydable.

– Un couteau de cuisine en métal inoxydable.

– Une louche.

En métal inoxydable.

Pour remplir les pots de confitures.

– Une passoire à pieds.

Pour laver les fruits ou, garnie à l'intérieur d'une toile, pour filtrer le jus destiné aux gelées.

– Un moulin à légumes.

Avec un jeu de grilles.

– Une ou deux terrines ou saladiers.

En verre, inox, faïence ou matière plastique.

Pour recueillir les fruits épluchés en attente de cuisson, les jus destinés aux gelées et pour faire macérer sucre et fruits avant cuisson.

– Une balance de cuisine.

Indispensable pour peser fruits et sucre.

– Une toile.

Pour passer le jus des gelées.

Cette toile tapisse la passoire à pieds. On la trouve dans les magasins spécialisés dans le matériel de cuisine, chez les quincailliers ou les grandes surfaces. On peut aussi utiliser une toile à tissage un peu lâche.

LE SPÉCIFIQUE

– Une bassine à confiture en cuivre.

Le cuivre assure la meilleure conductibilité et la meilleure répartition possible de la chaleur. Il est parfait. Malheureusement, il est cher et exige un entretien manuel fastidieux puisque les lave-vaisselle ne tolèrent aucune relation avec lui. La bassine en cuivre sert exclusivement à faire cuire les confitures. Il ne faut jamais l'utiliser pour faire macérer les fruits ou reposer les confitures entre deux cuissons.

Pour nettoyer facilement les bassines en cuivre, préparer une pâte composée d'une poignée de farine, un demi-kilo de gros sel, un demi-verre de vinaigre, le jus d'un citron et trois blancs d'œufs. La pâte ainsi obtenue se conserve dans une boîte hermétique et assure longue vie à votre « bassine chérie ».

Il y a dans la bassine en cuivre une évocation poétique de la tradition familiale, de la nostalgie de l'enfance, qui peut paraître désuète mais qui fait partie intégrante des moments de plaisir que procure son utilisation.

– Un extracteur de jus (voir p. 20).

– Un thermomètre spécial à confiture.

Idéalement, on le choisira gradué jusqu'à 200 °C mais, en aucun cas, d'une graduation inférieure à 130 °C. Ce thermomètre, de prix modique, en vente dans tous les grands magasins et dans les quincailleries, permet de déterminer avec précision le moment de cuisson idéal de la confiture. Bien que n'étant pas nécessaire, il facilite le contrôle de la bonne concentration du sucre.

Galilée construisit le premier thermomètre avant 1597. Les grandes étapes de l'évolution de cet instrument sont liées à sa graduation :

a) Fahrenheit (1686-1736) s'est consacré à la fabrication de thermomètres à alcool et, grâce à l'emploi de la graduation qui a conservé son nom, il réussit, dès 1709, à obtenir des indications comparables, constantes et fiables.

b) En 1715, Fahrenheit substitue le mercure à l'alcool et donne ainsi au thermomètre à liquide sa forme définitive.

c) Celsius crée, en 1742, l'échelle thermométrique, lui donne son nom ; c'est celui que nous utilisons.

La température de la glace fondante correspond à 0 °C ou 32 °F.
La température de l'eau en ébullition est 100 °C, soit 212 °F.

– Un entonnoir à confiture.

Pratique, il permet de remplir les pots de confiture en évitant les corvées de nettoyage.

– Un presse-citron.

– Un dénoyauteur.

Les modèles de création récente ont tendance à déchiqueter les fruits alors que le bon vieux modèle, en vente sur tous les marchés de France, comportant simplement une tige en fer pour extraire le noyau, est le plus pratique et le plus efficace. Le dénoyauteur mécanique se remplace très efficacement par un trombone.

Pour transformer un trombone en dénoyauteur, il suffit de détordre une des deux parties du trombone et de tordre l'autre moitié pour obtenir un œillet qu'on enfoncera dans la cerise pour, ensuite, contourner le noyau, décoller les chairs, tirer pour sortir le noyau.

– Un tamis de crin ou de Nylon, ou un sac en étamine de Nylon.

Pour extraire le jus des gelées. Le sac peut se faire à la maison ou se trouve, à petit prix, dans les magasins spécialisés de matériel de cuisine. Il faudra préférer ceux munis d'un anneau de serrage.

– Un carré de mousseline ou de gaze stérile achetée chez le pharmacien pour en faire un nouet qui enfermera noyaux, pépins ou herbes, et une pelote de ficelle alimentaire pour fermer le nouet et l'accrocher à la poignée de la bassine.

LE SUPERFLU

– Une centrifugeuse électrique ou un presse-fruits. Quand on les a, autant s'en servir, ils évitent le tamis, la toile pour récupérer le jus destiné aux gelées, mais ces instruments font vraiment partie des superflus.

– Un mixeur ou robot.

– Un pèse-sirop.

Il ressemble à un thermomètre, se fait aussi appeler aréomètre. Il devient inutile lorsqu'on maîtrise parfaitement l'ensemble des techniques confiturières.

Le pèse-sirop a été inventé en 1768 par Antoine Baumé (1728-1804). Cet appareil permet de mesurer la densité et la concentration des solutions de sucre en degrés Baumé. Avant cette invention, les recettes donnaient des indications sur la couleur du mélange ou quelques vagues précisions de temps. Il faut attendre le développement industriel du XXe siècle pour que le pèse-sirop fasse son apparition dans les ouvrages sur les confitures.

Nous ne dirons jamais assez qu'on peut s'en passer…

Choix
et fermeture des pots

L'activité du confiturier n'est pas terminée lorsque la confiture est cuite. La mise en pots et leur fermeture sont des phases importantes qu'on aurait tort de négliger. Ne pas respecter quelques principes essentiels risque de gâcher le plaisir de la dégustation.

CHOIX DES POTS

Le choix des pots a son importance. Il en existe de toutes tailles, en toute matière, plus ou moins pratiques et avec des systèmes de fermeture plus ou moins adaptés. Vous dire que nous sommes partisans du verre n'étonnera personne. Pour être moderne, il faudrait utiliser des pots en carton paraffiné, on nous les recommande sous prétexte qu'ils sont légers, pratiques et résistants aux chocs. Nous ne vous les conseillons pas. Le carton est opaque, peu attirant, incapable de satisfaire un autre plaisir de la dégustation : la vue. Il est également impossible de surveiller l'évolution de la confiture au travers du carton ; or, dès qu'un point de moisissure apparaît à la surface du pot et qu'on s'en aperçoit à temps, il est facile de remédier à cette légère altération. Nous éprouvons également peu d'attirance pour les pots de faïence, de porcelaine ou de terre vernisée, pour les mêmes raisons que celles qui nous incitent à éliminer le carton. On peut éventuellement se servir du confiturier d'un service de petit déjeuner, sachant qu'on sera privé de l'irremplaçable plaisir d'admirer la couleur, la texture des confitures.

Les pots en verre se présentent sous trois formes :
– Pots classiques à pans extérieurs côtelés.

Ils ont l'avantage d'être en vente partout, peu coûteux, d'aspect agréable et d'usage facile. Leur fermeture n'est pas très moderne, ils exigent du papier sulfurisé ou Cellophane et, quelquefois, de la paraffine. On dit qu'ils éclatent facilement à la chaleur, soit quand on les lave, soit quand on remplit les pots. Si l'on s'en tient à quelques précautions simples, ces derniers accidents n'arrivent jamais.

On trouve souvent dans les brocantes ou les déballages de grenier des pots anciens de forme élégante et quelquefois inhabituelle. Il faut les acheter en parfait état sans aucune ébréchure. Ils sont en général moins coûteux que les modèles récents. Leur diversité de formes apporte une certaine élégance et originalité aux tables de petit déjeuner.

– Pots à fermeture «Twist-Off».

Ces pots à fermeture parfaitement hermétique, utilisés jusqu'à présent par l'industrie, sont en vente maintenant chez les droguistes et dans les grandes surfaces. L'avantage du système de fermeture «Twist-Off» est indéniable. Il permet une fermeture instantanée et totalement étanche. On peut même se servir des pots usagés car maintenant on peut acheter dans le commerce les couvercles indépendamment des pots.

Quand on réutilise des couvercles «Twist-Off», il faut éviter de les laisser tremper dans l'eau bouillante ou de les passer à la machine à laver : on les nettoie avec un linge ou un coton imbibé d'alcool à 90° pour les désinfecter.

– Pots de récupération.

Il va de soi que l'on peut récupérer tous les pots de confiture ou de conserve qu'on aura achetés dans le courant de l'année, qu'ils aient ou non une fermeture «Twist-Off». Il faudra veiller à les conserver propres, ouverts pour que les odeurs du précédent contenu disparaissent, et à les laver soigneusement avant leur réutilisation.

MISE EN POTS

Après avoir prévu approximativement le nombre de pots nécessaires (1 kilo de fruits et 1 kilo de sucre représentent environ 1,7 kilo de confiture), il faut procéder à leur toilette méticuleuse. Un pot mal lavé est souvent à l'origine de moisissures. Les pots doivent être prêts avant que la confiture ne soit cuite, on les tiendra donc propres, secs et, si possible, chauds pour le moment de la mise en pots.

Dès que la confiture est cuite, on remplit les pots à l'aide d'une petite louche en métal inoxydable et de l'entonnoir à confiture (après un seul essai de cet ustensile, on ne pourra plus s'en passer car il évite d'essuyer le tour du pot, souvent source de brûlures). Si l'on n'est pas certain de la résistance du verre, on peut commencer la mise en pots par une première petite louche, le temps que la confiture, à une température de 100 °C, stérilise le pot. Les pots seront remplis à ras bord car, en refroidissant, le volume de la confiture diminue – de peu – toujours.

FERMETURE DES POTS

On couvre les confitures à chaud ou à froid. La fermeture à chaud convient à presque toutes les confitures, alors que les gelées se ferment toujours à froid.

FERMETURE À CHAUD

Dès que les pots sont remplis et leurs bords essuyés, on les couvre. Trois procédés au choix :
– Avec des carrés de Cellophane.

Ils sont vendus en sachets dans le commerce, accompagnés de leur lot d'élastiques et d'une petite éponge qui sert à humidifier le papier.

a) on humecte d'eau une des faces du papier Cellophane,

b) on pose un carré sur le pot, face humide à l'extérieur,

c) on tend le papier avec les deux mains jusqu'à ce qu'il devienne totalement lisse, sans aucun pli,

d) on pose l'élastique.

– Avec du papier sulfurisé.

L'inconvénient de ce genre de papier est sa découpe. Il faut préparer des rondelles de papier de diamètre supérieur à celui du pot : idéalement, le débord du papier devrait être de 2,5 à 3 centimètres. On peut aussi le découper en carrés de la même taille que ceux de Cellophane.

a) on humecte, à l'aide du pinceau à pâtisserie, une des faces du papier avec du blanc d'œuf légèrement battu ou avec du lait froid, cuit ou cru,

b) on applique la face imbibée sur le pot de confiture,

c) on tend le papier avec les deux mains pour le rendre parfaitement lisse et sans pli, l'albumine du blanc d'œuf se coagule sous l'effet de la chaleur et imperméabilise le papier,

d) on pose l'élastique.

– Avec les couvercles «Twist-Off».

La fermeture est instantanée, il suffit de poser le couvercle et de visser. Il est bon, le couvercle posé, de retourner les pots à l'envers pour créer un «vide d'air».

FERMETURE À FROID

Elle se pratique généralement le lendemain de la cuisson, après que les confitures sont parfaitement refroidies et protégées des visites inopportunes de germes microbiens ou d'insectes par un torchon bien propre ou une feuille de papier.

L'avantage de la fermeture à froid est la vérification immédiate de la prise des confitures, ce qui permet, dans le cas où elles sont trop liquides, de les faire recuire avec de la gelée d'un fruit riche en pectine ou avec un sachet d'un produit gélifiant. L'inconvénient de ce principe est le risque de pénétration de germes.

Deux modes de fermeture au choix :
– Avec du papier sulfurisé.

Que la confiture soit couverte à froid ou à chaud, le papier sulfurisé doit être découpé. À froid, les rondelles de papier seront supérieures au diamètre du pot d'un demi-centimètre seulement.

a) on imbibe le papier sulfurisé d'eau-de-vie ou d'alcool,
b) on pose la face imbibée à même la confiture. Le papier doit adhérer parfaitement à la confiture,
c) on recouvre le pot d'un papier fantaisie ou d'une coiffe en tissu,
d) on pose l'élastique.

– Avec de la paraffine.

La paraffine est pratique et économique si on la récupère après ouverture des pots pour s'en resservir et si on ne recouvre pas le pot d'une coiffe supplémentaire.

Le pain de paraffine doit fondre très lentement au bain-marie. *Sur feu vif, il risque de s'enflammer facilement.*

a) on verse la paraffine chaude sur la confiture froide sur un demi-centimètre d'épaisseur,
b) en refroidissant la paraffine se solidifie et forme un bouchon hermétique,
c) on peut couvrir d'une coiffe de papier ou de tissu pour protéger la paraffine de la poussière.

Au moment d'entamer le pot de confiture, on enfonce légèrement le bouchon de paraffine en appuyant sur un des côtés. On le récupère et le nettoie. On le remet à fondre lorsqu'on a besoin de boucher de nouveaux pots de confiture.

Les avatars

Les confitures sont dans les placards, soigneusement rangées. Vous les avez fabriquées avec des fruits parfaitement sains, le dosage du sucre a été respecté et la cuisson s'est déroulée de façon satisfaisante. Vous avez «tout bon». Pourtant, à la première dégustation vous constatez quelques altérations. Vos confitures sont liquides, trop liquides, ou elles sont cristallisées, dans le meilleur des cas en surface, dans le pire dans la masse, elles fermentent et dégagent une petite odeur ou sont moisies.

Pas de panique, tout s'arrange.

Les confituriers les plus expérimentés peuvent rater leurs fabrications.

Selon les défauts constatés, certains vous sont imputables, d'autres sont strictement inhérents à la nature du fruit ou à ses rapports avec le sucre. Nous avons déjà vu que la quantité de pectine et le taux d'acidité varient selon la maturité des fruits et leur variété et que, à quelques minutes près, le temps de cuisson peut transformer vos espérances.

Chaque type d'altération a ses causes et ses remèdes.

– Les confitures moisissent.

La surface des confitures se recouvre d'un voile velouté, plus ou moins feutré, plus ou moins épais, gris-vert, noir marbré de jaune : elles chancissent.

Il peut y avoir trois causes à ces moisissures :

a) les confitures sont rangées dans un endroit humide,

b) trop de temps s'est écoulé entre la mise en pots et la fermeture,

c) les confitures ont attendu avant la mise en pots.

Il faut enlever la moisissure à l'aide d'une cuillère et goûter. Le goût de la confiture n'a subi aucune transformation, on peut donc finir le pot en prenant soin de le mettre au réfrigérateur entre chaque utilisation.

L'ensemble des pots d'une même cuisson est chanci, il faut alors retirer la moisissure de tous les pots, les vider dans la bassine à confiture, refaire cuire, remettre dans les pots parfaitement lavés et couvrir immédiatement.

Certains préconisent d'ajouter, après avoir retiré la chancissure, une cuillerée à entremets d'alcool (eau-de-vie) dans le pot et de mélanger alcool et confiture. D'autres affirment que, recuite avec un peu d'alcool, la confiture se conservera aussi longtemps que si elle avait été bien faite la première fois. Nous n'avons pas vérifié cette dernière proposition.

On peut imaginer que l'ensemble du pot a pris un goût de moisi, il faut alors irrémédiablement jeter les confitures bien que parfois, en les faisant recuire, le goût de chanci disparaisse. On peut toujours essayer d'abord avec un seul pot et, selon le résultat obtenu, tout jeter ou tout faire recuire.

– Les confitures fermentent.

La confiture gonfle, chargée de bulles de gaz liées à la fermentation alcoolique qui s'est établie dans le pot. On disait autrefois que la confiture «enflait». Il arrive quelquefois que la confiture sorte du pot et qu'elle dégage une odeur désagréable.

La confiture aura été insuffisamment cuite. Il y a peu de remèdes :

a) si l'odeur de fermentation est légère, on recuit la confiture en ajoutant du sucre,

b) si l'odeur dégagée est trop forte, la confiture est perdue, il faut la jeter.

Cet accident sera scrupuleusement noté sur le cahier de recettes de sorte que, l'année suivante, cet avatar ne se reproduise pas.

– Les confitures cristallisent.

À la surface ou dans la masse de la confiture se forment des cristaux de sucre qui craquent sous la dent. Cette cristallisation peut être gênante à la dégustation mais ne présente aucun inconvénient pour la conservation, au contraire.

Les raisons de cet imprévu peuvent être de deux sortes :

a) les fruits manquaient d'acidité,

b) la cuisson a été trop longue, occasionnant une forte concentration de sucre.

On peut remédier sans difficulté à ce désagrément :

a) seule la surface du pot est cristallisée : soit on élimine la partie cristallisée, soit on ajoute un peu d'eau bouillante avant de remuer pour dissoudre les cristaux,

b) la masse de la confiture est cristallisée : on ajoute de l'eau chaude et en la mélangeant à la confiture, celle-ci retrouve sa consistance première. Dans ce cas, il faut la consommer rapidement. On peut également la faire recuire en ajoutant à la masse du jus de citron ou de groseille ou du vinaigre de vin. Dès l'ébullition, il faudra la mettre en pots sans attendre.

– Les confitures restent liquides.

Depuis l'essor des confitures industrielles, les consommateurs ont pris goût aux confitures solides, gélifiées. Avant que l'on ne découvre l'usage de la pectine, les confitures de fruits pauvres en pectine étaient toujours liquides et personne n'y trouvait à redire. On savait que le sirop de la confiture de cerises noires, par exemple, coulerait au travers d'une belle mie bien alvéolée et qu'il faudrait se livrer à quelque acrobatie pour éviter qu'il ne se répande sur la table.

Nous considérons qu'une confiture liquide n'a pas de défaut, elle présente simplement quelque incommodité au moment de la consommation. Si l'on tient absolument à y remédier, il faut faire recuire les confitures avec une gelée riche en pectine : pomme, groseille ou coing.

– Les confitures se conservent.

On peut conserver des confitures pendant plusieurs années (trois à quatre ans), mais leur aspect et leur texture se modifieront. Leur couleur foncera et elles se solidifieront. Il est préférable de procéder à une bonne estimation des besoins familiaux et d'en fabriquer seulement pour un an.

Les confitures fermentées ou moisies ne présentent aucun risque d'intoxication alimentaire.

La confiture et la santé

Les confitures ont une valeur nutritionnelle peu contestable et leurs deux composants, le sucre et les fruits, doivent participer, chacun selon son rôle, à l'équilibre alimentaire des adultes et des enfants.

La part constante et prépondérante est représentée par le sucre qui assure la valeur énergétique des confitures. Le sucre est immédiatement assimilable grâce à la saccharase, une diastase sécrétée par les sucs de l'estomac qui transforme le saccharose en fructose et en glucose.

La part variable est le fruit. Chaque fruit a ses propriétés et leur valeur alimentaire est de ce fait irrégulière. On ne peut tirer aucune constante de produits qui varient selon l'espèce, la maturité à la cueillette, la teneur en eau, en sels minéraux et en vitamines, et qui, de surcroît, évoluent et se transforment en fonction des techniques de fabrication.

Il est donc difficile d'établir une composition précise. Tenons-nous donc à des valeurs diététiques moyennes.

- Pour 100 g de confiture
- kcal : 260 à 285
- protides : 0,3 à 0,9 g
- lipides : 0,1 à 0,5 g
- glucides : 65 à 75 g

- Minéraux
- phosphore : 20 à 30 mg
- calcium : 20 à 45 mg
- fer : 0,5 à 0,10 mg
- magnésium : 5 à 15 mg
- potassium, manganèse et cuivre

- Vitamines

Les quantités varient essentiellement en fonction des méthodes de fabrication et de la durée des cuissons.
- vitamine A et provitamine A
- vitamine B1 et B2
- vitamine C : de 10 à 50 mg
- vitamine PP

Il existe des barèmes de consommation conseillée. Je vous les donne pour avoir bonne conscience mais en vous signalant que je ne les ai jamais respectés. Bien évidemment, je me garderai de vous encourager dans des excès sûrement coupables. Mon système de consommation des confitures est incompatible avec la raison généralement admise par le corps médical, mais elle me convient. Égoïstement, c'est l'essentiel. Plutôt que de manger des petites quantités quotidiennes, je les accumule, je les stocke pour les grouper en une fois et en manger à satiété. Ne me tenez pas rigueur de ce tableau, je sais combien il peut paraître déprimant.

- enfants de 2 à 13 ans : de 5 à 15 g, progressivement selon l'âge
- adolescents : 20 à 35 g
- adultes : 20 à 40 g
- femmes enceintes et allaitantes : 20 à 30 g
- personnes âgées : 25 à 40 g

Je vous l'avais dit...

Les confitures industrielles

Si les industriels, en règle générale, mettent tout en œuvre pour que les qualités organoleptiques et nutritionnelles des fruits soient respectées, ils sont tenus dans leurs pays respectifs à se plier à une législation sévère qui permet à l'acheteur de savoir exactement, en lisant l'étiquette, ce qu'il est en droit d'attendre.

Les textes français sont précis : les confitures peuvent être artisanales ou industrielles. Dans l'un et l'autre cas, elles prennent, selon les méthodes de fabrication ou leur composition, la mention «confiture extra» ou «confiture» seulement.

La différence entre l'appellation «confiture extra» et «confiture» tient à la proportion de fruits mise en œuvre : 450 grammes de fruits pour 1 kilo de produit fini bénéficie de la mention «extra», 350 grammes de fruits pour le même kilo de produit fini a seulement droit à la mention «confiture».

Les confitures profitant de la mention «extra» ne peuvent être fabriquées avec des fruits traités à l'anhydride sulfureux, pas plus qu'on ne peut leur ajouter du jus de betterave rouge pour les colorer.

Les confitures de pommes, de poires, de prunes à noyaux adhérents, de melons et de pastèques n'ont jamais le droit à la mention «extra», pas plus que les mélanges en renfermant une quelconque proportion.

Toutes les confitures «extra» ou sans mention peuvent comporter de la pectine, du jus de citron, de l'acide citrique et du jus de fruits; elles peuvent être fabriquées avec des fruits frais – cela va de soi –, mais aussi avec des fruits congelés, appertisés, lyophilisés et déshydratés. On comprendra, bien qu'il n'y ait aucune obligation de le faire, que le confiturier apporte un plus à son produit s'il précise qu'il l'a fabriqué avec des produits frais.

Quelle que soit leur appellation, la teneur totale de fruit doit être indiquée sur le pot : 45 pour cent pour la qualité «extra», 35 pour cent pour la confiture sans mention.

Si l'on se réfère à la loi de février 1988, la confiture artisanale ne devrait plus exister, elle impose en effet que le confiturier soit titulaire d'un CAP professionnel, or ce CAP n'existe pas dans cette catégorie. La loi précise également que toute entreprise bénéficiant du statut d'artisan doit limiter son nombre d'employés à dix. Il est peut-être bon de souligner, bien qu'il soit impossible de vérifier lorsqu'on la tartine, que la confiture artisanale doit être cuite à l'air libre, dans des chaudrons en cuivre. Jamais sous vide. Ces deux derniers critères sont les seuls à caractère obligatoire.

Depuis quelque temps, on voit des confitures allégées qui ne sont soumises à aucun règlement, aucun décret ni aucune loi. On nous dit qu'il y a une doctrine et qu'elle établit des règles : 25 pour cent de sucre en moins, indication des glucides, lipides et protides ainsi que les valeurs caloriques comparées des confitures normales et des confitures allégées.

Les confituriers artisanaux sont nombreux et leurs fabrications sont de très bon niveau. Selon leur implantation régionale, ils utilisent les fruits sauvages ou produits dans la région et font souvent preuve de beaucoup d'innovation.

Du bon usage des confitures

Peut-on imaginer un petit déjeuner digne de ce nom sans confiture ? La réponse est catégorique : non ! Quelles que soient la nature et la consistance du repas matinal.

Qu'il soit frugal ou copieux, arrosé de thé, café, chocolat, chicorée ou simplement eau chaude, composé d'œufs à la coque, au plat ou brouillés, avec saucisses frites, bacon ou jambon, accompagné de porridge, de soupe, de céréales ou de fromage, la confiture est indispensable. Elle est le dessert du petit déjeuner.

Tartinée ou mangée à la cuillère, sur (ou avec) du pain beurré, du pain toasté beurré, du pain d'épice, de seigle, de mie, du pain brioché ou de la brioche, des croissants, des blinis, la confiture égaie son support.

Qui a jamais entendu le cri déchirant de la baguette croustillante, généreusement beurrée, appelant sa caresse de confiture sans lui donner immédiatement satisfaction est un ingrat, indigne du plaisir qu'elle peut procurer. La confiture est au petit déjeuner ce que l'œuf est à la poule, le chat à la chatte et le vinaigre au cornichon : son complément obligatoire.

Frères en confiture, plaignons le malheureux qui part au matin, l'estomac rempli pour tout bagage d'une tasse d'un mauvais café. Il ignore le plaisir de la tartine – peu importe qu'elle soit trempée ou non – légèrement recouverte d'une gelée transparente au travers de laquelle on distingue la mie alvéolée ou le beurre discrètement étalé. Oui, plaignons le malheureux soumis aux diktats diététiciens et incompétents, prêchons pour le petit déjeuner complet et confituré.

L'évangélisation pourrait d'ailleurs commencer par l'hôtellerie. Il est, en effet, scandaleux que les tenanciers osent servir sous le nom de «petit déjeuner» une pitance aussi misérable. Le café, quelquefois préparé la veille, souvent plusieurs jours à l'avance, est imbuvable. Il faut avoir l'honnêteté d'appeler ce breuvage : liquide insipide coloré. Le thé – une insulte au travail manuel et ingrat des cueilleurs – est généralement présenté en sachets papier, accompagné d'une bouteille isotherme d'eau tiédasse ayant précédemment assuré le service du café. La corbeille de viennoiseries porte le sceau du déshonneur, le feuilletage du croissant est détrempé, la brioche affaissée et le petit pain rassis. Quant au beurre, non seulement il est parcimonieusement accordé mais il est, la plupart du temps, rance, décourageant l'indulgence. Je n'ose évoquer la confiture puisque c'est ainsi qu'il est d'usage de définir le contenu de cette pâte de fruits dont le parfum ne correspond jamais à l'étiquetage et dont la lecture de la composition inciterait même au jeûne.

Considéré par le corps médical comme le repas le plus important de la journée, le petit déjeuner ne se prend pas à la va-vite, debout, entre l'évier et le réfrigérateur. Il se mérite : un café fort, corsé en arôme ou un thé tonique, une tranche de belle miche de pain joliment croûté, à la mie alvéolée, conservée dans un torchon, un beurre sorti la veille du réfrigérateur pour assurer sa tartinabilité et un ou deux pots de confiture au choix, une gelée ou une confiture, une marmelade ou une confiture. Peu de complications, en fait, pour beaucoup de plaisir.

La confiture ne doit pas être cantonnée au petit déjeuner, elle fait partie intégrante du goûter et se doit de participer à de multiples desserts et fêtes sucrées. On la néglige, on la traite comme une «plus-dans-le-coup», une démodée. On remplace la tartine du quatre-heures par une barre chocolatée, un coupe-faim, une banane. Où sont passés nos bols de lait vanillé, nos chocolats mousseux, nos tartines généreuses, recouvertes de confiture d'abricots dont les oreillons si gros ne rentraient pas dans nos bouches d'enfant en même temps que le pain ? Avant les devoirs, le goûter était la priorité, d'autant plus que nous avions quelquefois des surprises : tartes à la confiture – pâte sablée au bon goût de beurre s'effondrant au contact de la langue et se mélangeant avec les confitures de mûres ou de framboises –, roulés – génoises légères, fondantes, imbibées, roulées sur une épaisse couche de jus de confiture d'abricots ou de cerises. Mes grand-mères avaient le sens du goûter, l'instinct. Jamais le repas de l'après-midi n'aurait été bâclé. La table était mise simplement. À peine arrivés de l'école, les bols étaient remplis, les tartines prêtes. Quels repas, que de bonheur et de souvenirs heureux !

La tartine est un art. On peut s'en tenir au rapport entre l'épaisseur du pain, la couche de beurre et celle de la confiture, mais c'est un peu bref ; il faut aussi tenir compte de la qualité du pain, des céréales employées, pour choisir la confiture la mieux adaptée. La simple baguette, croustillante, craquante, coupée dans le sens de la longueur – moitié sole, moitié signature –, généreusement recouverte de confiture de fraises confites, procure un plaisir bien franc, surtout quand le jus des fruits épargné par la prise en gelée pénètre la mie du pain jusqu'à la colorer, offrant une sorte de nappe rose pâle aux grosses fraises grenat, entières, croquantes et suaves. Le pain de seigle coupé en tranches très fines, toastées, caressées d'une très légère couche de confiture d'oranges amères, n'apportera pas la même sensation si la tranche est épaisse et beurrée.

La pratique de la tartine est un long apprentissage qui s'accommode fort bien des dimanches matin d'hiver. On aura pris soin, la veille, de prévoir quelques pains différents, un pain de mie, à défaut de brioche, à texture un peu molle, qui se mariera avec des gelées de coings, de pommes ou des confitures de cerises, grosses burlats noires ou griottes. Le pain de campagne s'achète en miche, la croûte dorée, épaisse, bien cuite, la mie dense, riche, alvéolée, la tartine est généreuse, épaisse, paysanne, exigeante en beurre de préférence salé pour mettre en valeur la confiture d'ananas ou aux quatre fruits rouges. Le pain d'épice est le bienvenu sur une table de petit déjeuner : en second rôle, il tient sa place, surtout s'il est artisanal et parfumé et davantage encore s'il rencontre une confiture de pêches ou de brugnons.

Un matin d'imprévoyance, je croyais me nourrir de quelques blinis – il en restait –, je me suis régalé. Chauds, très chauds, beurre fondant et confiture de prunes, de clémentines ou de kumquats. La mollesse du blini et le croquant de la peau de ces deux agrumes firent d'une improvisation un souvenir. Dans le genre, il n'y a rien d'autre. La biscotte dépanne souvent; on a tort de la traiter avec désinvolture, d'abord parce qu'elle dépanne et surtout parce qu'elle accompagne parfaitement la confiture d'oranges amères.

Comment se passer de confiture ? Elle est indispensable. Le yaourt nature est triste, pâle dans son pot en verre. Apparaît la confiture de cerises noires et le voilà gai, spirituel. Le pain perdu est éperdu sans confiture. La crêpe s'envole, le gâteau de riz ou de semoule rigole. La confiture apporte la joie.

Recettes

L'Abricot

Chacun son tour. Les Chinois se sont souvent approprié l'origine de fruits et légumes alors qu'ils n'avaient rien à voir ni avec la région ni même avec le continent. Pendant longtemps, l'Arménie a laissé croire que l'abricot y était né. Même Linné s'y est laissé prendre puisque sa dénomination botanique est *Prunus armeniaca*, prune ou pomme d'Arménie. On pouvait s'y tromper, mais de là à entretenir le doute…

Donc l'abricot est chinois. C'est incontestable, les textes sont là pour le confirmer et si vous lisez le *Shan-hai king* de l'empereur Yü Huang, texte paru en 2198 avant J.-C., vous en aurez la preuve. Ai-je besoin de vous signaler qu'il ne s'agit pas d'un livre de gare, aussi faisons donc confiance aux gens qui l'ont lu. Ce pauvre abricot a peu de chance : jusqu'au XVIIe siècle, il a eu peu de défenseurs. Il était supposé causer des dysenteries, des coliques, des fièvres intermittentes ; même notre bon La Quintinie, le père de l'horticulture fruitière « à la française », lui préférait les pêches, considérant que l'abricot était juste bon pour les confitures.

On commença à l'apprécier vers le XVIIIe siècle, principalement parce que les poètes avaient vu, dans sa forme et dans le toucher de sa peau, matière à développer une imagination portée sur l'érotisme. On peut, c'est vrai, constater que le sillon qui le sépare en deux globes évoque un cul pubère. La littérature est riche et toutes citations qui pourraient être faites encourageraient plutôt à la bagatelle qu'à la fabrication des confitures.

La France peut être fière, elle est au deuxième rang de la production européenne avec, en 2006, 172 600 tonnes, derrière l'Italie. Le verger est jeune, la production augmente. L'aire de culture est assez réduite, permettant aux producteurs de se concerter et d'assurer une production généralement de qualité. Quand les consommateurs lassés de croquer dans des fruits « bétonneux » s'insurgèrent, l'abricot et la pêche, sa pire ennemie pendant longtemps, furent choisis comme fruits tests pour illustrer les campagnes dont le thème était « cueillis à maturité ».

Si l'envie de faire des confitures d'abricots vous tenaille, trouvez du Polonais, la variété est superbe, le fruit est moyen, presque gros, orangé clair avec des ponctuations rouges. Sa chair est savoureuse, juteuse et parfumée. Il se vautre dans le sucre avec délectation et garde une certaine tenue à la cuisson. Le Polonais, n'oubliez pas.

Confiture d'abricots traditionnelle

Ingrédients
pour 4 pots de 375 g
1,3 kg d'abricots, soit 1,2 kg net dénoyautés
900 g de sucre cristallisé
Le jus d'un demi-citron

Passer les abricots sous l'eau fraîche, les dénoyauter. Les mélanger avec le sucre dans un saladier, couvrir et mettre au frais ou au réfrigérateur pour 48 heures en prenant soin de remuer à nouveau après 24 heures de macération.

Verser le contenu du saladier dans la bassine à confiture. Ajouter le jus de citron. Porter lentement à ébullition, laisser cuire à petits bouillons 15 minutes environ, en remuant fréquemment. Au début de l'ébullition, la confiture se couvre d'une mousse blanche épaisse : l'écume. L'écume est rapidement absorbée au fur et à mesure qu'on remue. La confiture prend alors une belle couleur dorée. Pour vérifier sa consistance utiliser le système de l'assiette mise au congélateur.

Mettre en pots aussitôt et fermer selon la méthode choisie.

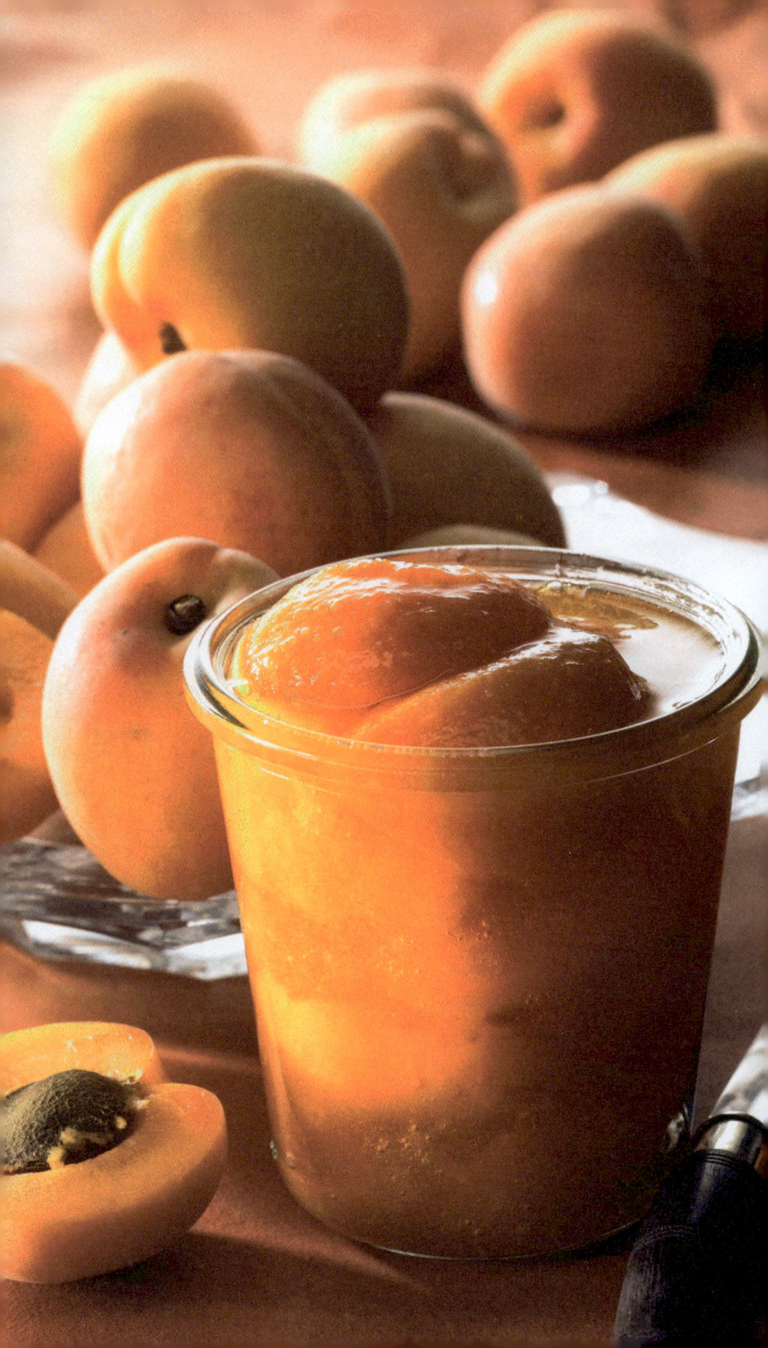

Confiture d'abricots

Ingrédients
pour 4 pots de 375 g
1,1 kg d'abricots, soit 1 kg net dénoyautés
1 kg de sucre cristallisé
1 verre d'eau (20 cl)
Le jus d'un citron

Choisir des abricots sains, de calibre moyen, mûrs à point mais pas trop mous. Les passer sous l'eau, les dénoyauter.

Dans la bassine à confiture, porter lentement l'eau et le sucre à ébullition en remuant avec la cuillère en bois. À partir de l'ébullition, compter 5 minutes de cuisson (102 °C au thermomètre). Ajouter les abricots, le jus de citron, laisser cuire 20 minutes environ à petits bouillons en remuant fréquemment. *Pour vérifier la consistance de la confiture, utiliser le système de l'assiette mise au congélateur.*

Mettre en pots aussitôt et couvrir selon la méthode choisie.

On peut ajouter des amandes de noyaux d'abricots qui donneront à la confiture un parfum exquis et une très légère amertume. Il faudra penser à réserver 8 noyaux. Pour prélever les amandes, envelopper les noyaux dans un torchon et les casser avec un marteau. Plonger les amandes dans une casserole d'eau bouillante, les peler et les séparer en deux. Ajouter les demi-amandes en fin de cuisson, bien mélanger.

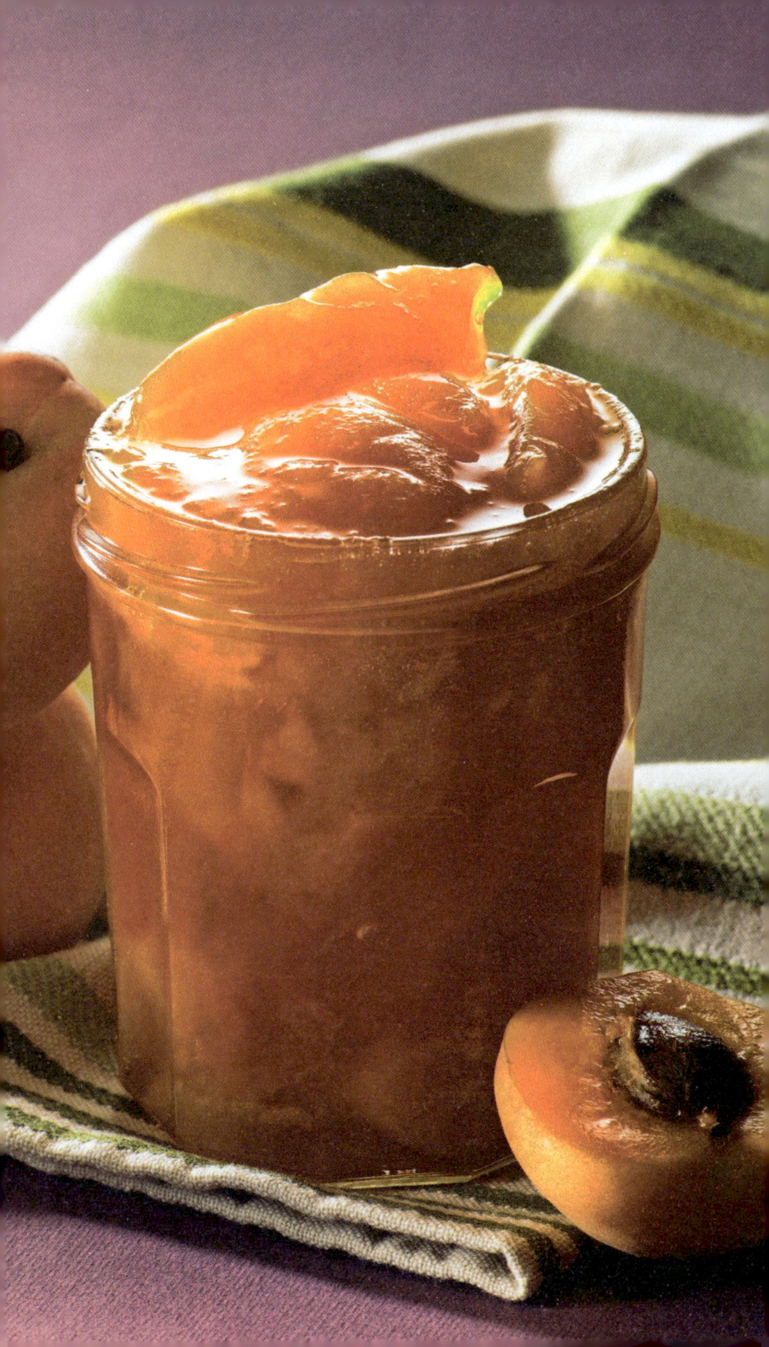

L'Ananas

Sexuellement, l'ananas n'est pas gâté, un peu comme la banane. Il ne produit pas de graine, ne se sème donc pas. Il se forme sans fécondation, aussi pour la sexualité… bernique. Les savants disent qu'il est « parthénocarpique », du grec *parthenos* : vierge. C'est tout dire…

Fruit et plante portent le même nom : il n'y a pas d'ananassier. L'ananas est une plante vivace très décorative avec de longues feuilles étroites en forme de gouttières pour récupérer la moindre goutte d'eau. Au centre de cette énorme rosette de feuilles se développe la hampe, portant de minuscules et nombreuses fleurs formant une inflorescence dense entourée de petites feuilles colorées de bleu et de rose. Chaque fleur se transforme en fruit qui se soudera à ses voisins pour former un seul gros fruit : l'ananas. Pour les botanistes, l'ananas n'est pas un fruit mais un ensemble de fruits. Sur l'ananas adulte, ce qu'on appelle les yeux sont des fleurs. Si vous êtes patient, amusez-vous à les compter, pour un seul fruit vous trouverez cent à deux cents fleurs.

L'ananas fut aperçu par Christophe Colomb pour la première fois à la Guadeloupe, en novembre 1493, lors de son deuxième voyage.

L'aire d'origine de la plante est l'Amérique centrale. Chez la tribu indienne Tupi, ananas est la juxtaposition de « a » signifiant fruit et « nana », savoureux. Les Indiens accrochaient des ananas à l'entrée de leur hutte en signe de bienvenue. La plante servait également de protection contre les animaux grâce à son feuillage très épineux, raison pour laquelle autour de chaque village indien on trouvait des ananas plantés en rangs serrés. Ces allées de buissons épineux et piquants permettaient aux jeunes Indiens de prouver leur courage en courant, nus, dans les épines.

En dialecte caraïbe, *nana* voudrait dire parfum. *Nana* devint *Nanan nana* : le parfum des parfums, d'où son nom français. Les Portugais ou les Espagnols le répandirent d'abord en Afrique, puis en Asie, les Anglais en Jamaïque, en Australie et aux îles Hawaii. Les Hollandais sont les premiers qui le font pousser sous serre en Europe. Ce fruit succulent est rapidement surnommé « Roy des fruits », probablement à cause de sa couronne verdoyante.

En France, Mme de Maintenon suggère à Louis XIV d'en faire cultiver sous serre. La Quintinie, l'admirable, exécuta les ordres royaux et obtint les premiers ananas sous les serres de Choisy-le-Roi avant que la construction de celles, spécialement conçues pour sa culture, ne soit entreprise à Versailles.

Tout semble idéal au royaume de l'ananas, pourtant certains planteurs utilisent un produit chimique pour colorer artificiellement les fruits : l'Éthrel, qui se dégrade sous l'effet de l'humidité et dégage de l'éthylène. Celui-ci accélère la montée des caroténoïdes, d'où une coloration artificielle des fruits. Si ce traitement a lieu sur un fruit vert, la maturité n'est qu'apparente et le fruit n'aura ni goût ni saveur. La méfiance s'impose au moment de l'achat.

Si l'ananas n'a pas de chance quant à sa sexualité, nous en avons de pouvoir en faire des confitures exquises.

Confiture d'ananas

Ingrédients
pour 4 pots de 375 g
3 kg d'ananas frais de préférence «par avion»,
soit 1,5 kg net de chair
1,1 kg de sucre cristallisé
70 cl d'eau
1 gousse de vanille

Éplucher les ananas sur une planche à rigole pour récupérer le jus, retirer les yeux. Couper les ananas, retirer la partie ligneuse du cœur, couper la chair en gros dés, les déposer dans un saladier avec le jus récupéré.

Dans la bassine à confiture, porter lentement l'eau et le sucre à ébullition. Maintenir 3 minutes. Verser le contenu du saladier dans le sirop, ajouter la gousse de vanille fendue et bien grattée. Laisser bouillotter 40 minutes environ en remuant fréquemment, surtout en fin de cuisson. La confiture prend une belle couleur or et les morceaux d'ananas confits dans le sucre deviennent translucides. Retirer la gousse de vanille.

Mettre en pots aussitôt et couvrir selon la méthode choisie.

* **Variante :** avant de fermer les pots, répartir sur la confiture à froid 3 cuillerées à soupe de kirsch.

La vanille est l'épice qui se marie le mieux avec l'ananas. On peut aussi ajouter à la cuisson 1 ou 2 clous de girofle dans un nouet.

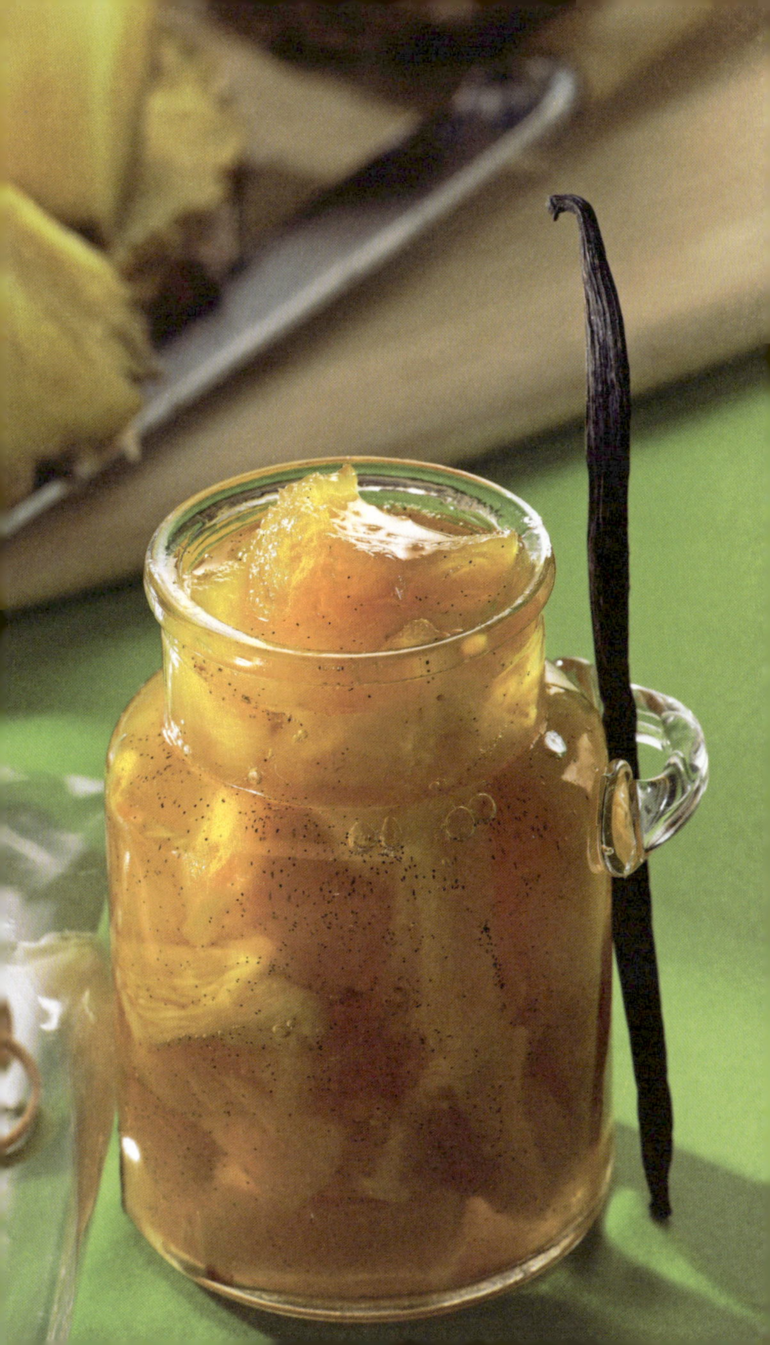

La Banane

Le destin de la banane est tragique. Être un symbole sexuel, totalement dépourvu du moindre appareillage de reproduction, c'est sinistre, non? Rien n'est gai dans l'histoire de la banane. Aucun pays ne revendique particulièrement son origine. On la connaît en Inde – Bouddha voyait en elle le signe sensible de l'inanité des biens de ce monde –, dans l'océan Indien – elle ne produisait ni fleur ni fruit –, aux Antilles – le père Labat, un dominicain, prétendait qu'elle était le fruit défendu du Paradis. On sait que les Portugais l'ont découverte en Afrique occidentale et l'ont apportée au Brésil, son nom *banana* est d'ailleurs d'origine portugaise.

La vie de la banane est banale. Elle pousse très rapidement jusqu'à se prendre pour un arbre de neuf mètres de haut alors que, botaniquement, elle n'est qu'une herbe. En un an – le bananier ne vit qu'un an –, les feuilles du bananier sortent les unes après les autres au travers d'un tube central constitué par les feuilles précédentes. Sitôt la dernière feuille parue – il y en a quelquefois trente –, une inflorescence se forme et sort de la tige pour se recourber vers le sol. Chaque groupe de fleurs se transforme en une «main». Notez bien que la fleur ne donne pas naissance, elle se transforme. Pas d'organe sexuel, pas d'amour, pas de fécondation. Les fleurs du bananier sont stériles. Le bananier ne produit dans sa vie qu'un seul régime, composé de cent à cinq cents bananes, soit dix-huit à vingt-cinq mains. Un an plus tard, il meurt et ne repousse pas.

La banane est casanière, elle n'aime pas voyager. Les changements de température la perturbent ; au-dessus de 12 °C elle mûrit très vite, alors qu'un petit rien de froid la fait geler. Il a donc fallu attendre les gros cargos climatisés du début du XXe siècle pour découvrir la grosse banane plantain, celle que les Antillais appellent joliment «Oh là là ! Maman».

Encore une étrangeté, en Europe la banane est considérée comme un fruit et on la consomme comme telle : en salade avec d'autres fruits, en beignets, sur une tarte, flambée, nature ou en confiture, seule ou avec d'autres fruits, mais toujours comme une douceur. Alors que dans tous les pays producteurs elle accompagne surtout les plats salés et pimentés : on la fait frire, on la pile, on la farcit, on la cuit au four. Dans tous les cas, sucrée ou salée, le résultat est délicieux car, malgré tous ses avatars, la banane a su préserver l'essentiel : le plaisir de s'offrir et de procurer du plaisir.

Confiture de bananes

Ingrédients
pour 4 pots de 375 g
1,2 kg de bananes plantain, soit 900 g net de chair
600 g de sucre cristallisé
1 ruban de zeste d'orange (10 cm)
1 ruban de zeste de citron (10 cm)
1 gousse de vanille
1/2 cuillère à café de noix de muscade râpée
Le jus de 2 citrons
1 verre d'eau (20 cl)

Choisir de préférence des bananes dites plantain, à peau verte et à chair légèrement rosée. Les éplucher, les couper en rondelles d'environ 1 cm d'épaisseur. Les mélanger dans un saladier avec le jus des citrons.

Dans la bassine à confiture, porter lentement l'eau et le sucre à ébullition. Maintenir 3 minutes. Ajouter les bananes citronnées, la gousse de vanille fendue dans la longueur et bien grattée, la noix de muscade râpée, les zestes d'orange et de citron. À la reprise de l'ébullition, laisser bouillotter 15 bonnes minutes, en remuant fréquemment. *La préparation prend la consistance d'une marmelade épaisse.* Retirer la vanille et les zestes.

Mettre en pots aussitôt et couvrir selon la méthode choisie.

* **Variante :** on peut remplacer les bananes plantain par des bananes classiques, la noix de muscade râpée par de la cannelle en poudre.

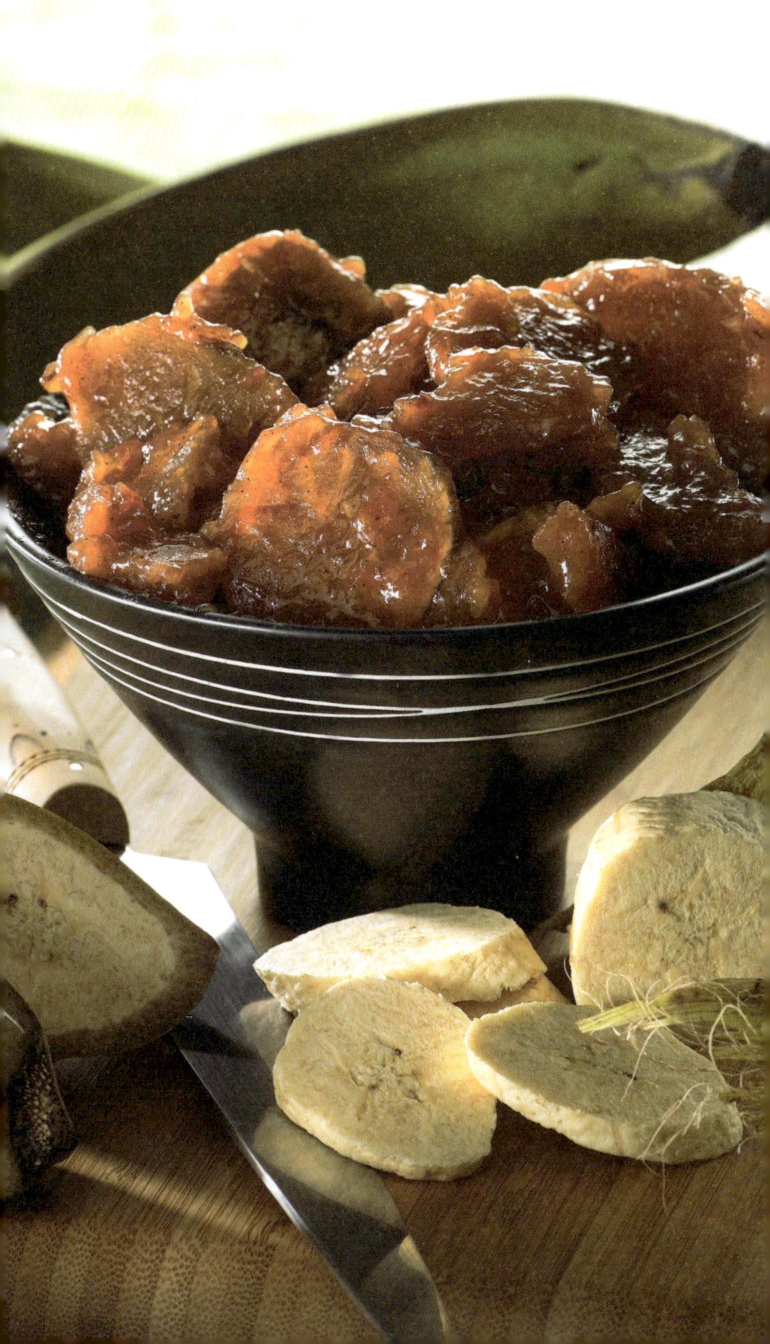

Confiture de bananes et oranges

Ingrédients
pour 4 pots de 375 g
1,2 kg de bananes plantain, soit 900 g net de chair
1,2 kg d'oranges, soit 600 g de jus
600 g de sucre cristallisé
Le jus de 2 citrons
1 gousse de vanille
1/2 cuillère à café de noix de muscade râpée

Éplucher les bananes, les couper en rondelles d'environ 1 cm d'épaisseur, les mélanger dans un saladier avec le jus des citrons. Presser les oranges. Par sécurité, peser le jus recueilli et un poids égal de sucre cristallisé.

Dans la bassine à confiture, porter lentement le jus d'oranges et le sucre à ébullition. Maintenir pendant 15 minutes. Écumer. Ajouter les bananes citronnées, la gousse de vanille fendue et bien grattée, la noix de muscade râpée. Maintenir la cuisson à petit feu pendant 45 minutes en remuant fréquemment. Retirer la gousse de vanille.

Mettre en pots aussitôt et couvrir selon la méthode choisie.

* **Variante :** on peut remplacer les bananes plantain par des bananes classiques et la noix de muscade râpée par de la cannelle en poudre. On peut aussi ajouter 3 cuillerées à soupe de rhum en fin de cuisson.

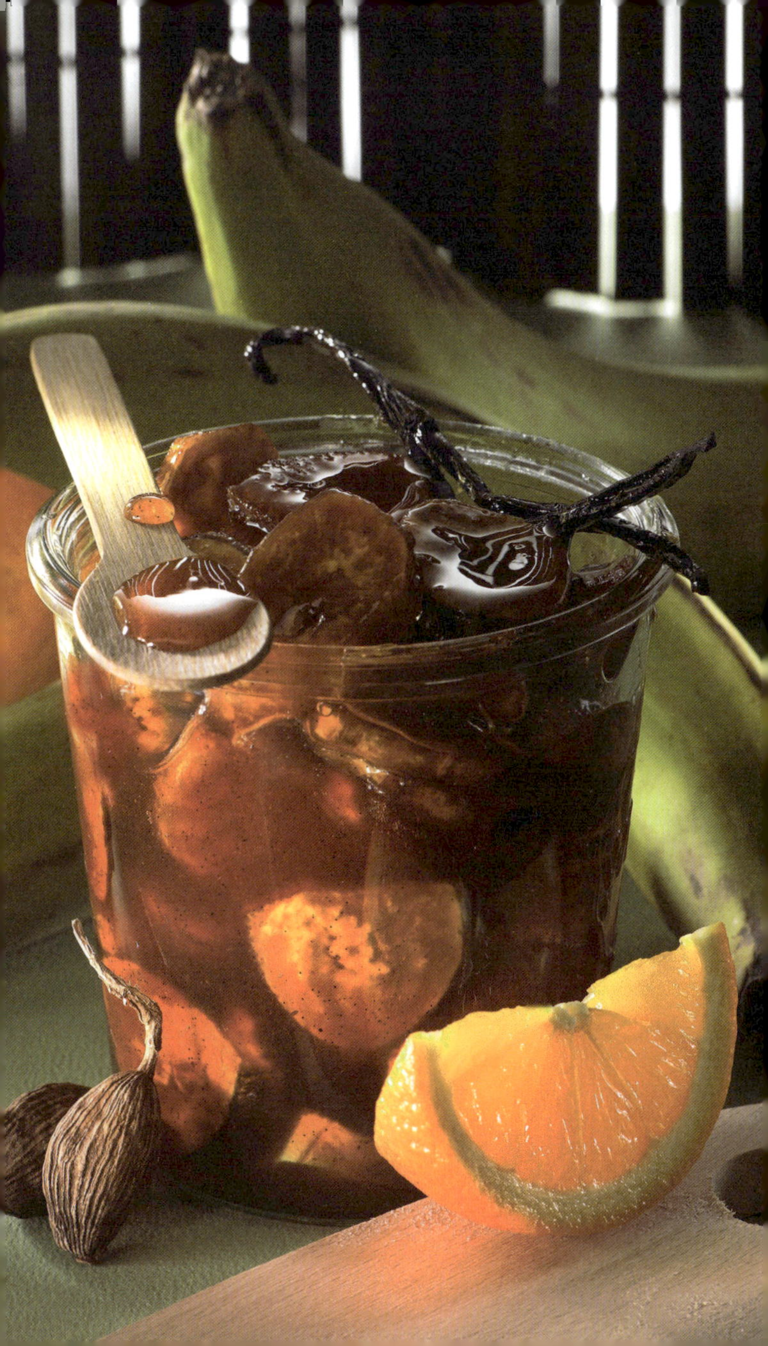

Le Cassis

Le groseillier noir est devenu cassissier sans que quiconque s'en rende compte. Voilà probablement l'événement botanique le plus inaperçu qui soit. Comme son cousin le groseillier rouge, le cassissier est originaire de l'Europe septentrionale. Sa vie jusqu'au XVIIe siècle fut d'une discrétion exemplaire. Était-il cultivé, ramassait-on ses baies? Nul ne le sait. Il semble être inconnu des Grecs et des Romains pourtant prolixes dès qu'il s'agit de décrire les vertus culinaires ou thérapeutiques d'une plante.

Le cassis doit sa notoriété à trois hommes, deux ecclésiastiques et un liquoriste. En 1712, l'abbé Bailly de Montaran publia à Nancy un *Traité du cassis*. Véritable panégyrique. À lire ce brave et saint homme, il ne fait aucun doute que le cassissier soit une plante miraculeuse. D'après lui, faire bon usage du fruit et de la feuille guérirait tous les maux : tous types de fièvre, la peste et la petite vérole. Rien ne résiste au cassis, pas même les vers qui fuient à l'approche de la moindre décoction de ses feuilles. «Le cassis purge, réjouit, fortifie le cerveau, désopile la rate et le foie, délivre du sable et de la gravelle, tempère les fougues de la bile et abat les vapeurs fâcheuses de la mélancolie.» Peu de plantes peuvent prétendre à un tel score! Le bon abbé employait les feuilles du cassissier infusées dans du vin blanc. Peut-être en abusait-il… Quoi qu'il en soit, à partir de ce traité, la culture du cassissier se développe principalement en Bourgogne car il semble qu'il ait une prédilection pour les mêmes sols que la vigne.

Le deuxième homme du cassis est M. Auguste-Denis Lagoute, liquoriste à Dijon. Il a mis au point en 1841 la formule de la crème de cassis. La première année de son invention, quatre cents bouteilles furent vendues. Quinze ans plus tard, on en fabriquait dix mille hectolitres! Il fut aidé dans cette progression par les vignerons bourguignons qui participèrent au développement de la culture du groseillier noir, voyant là une possibilité de culture secondaire d'appoint fort rentable.

Les mérites du troisième homme furent occultés par le chanoine Kir. Nous nous devons de rendre à M. Faivre ce qui lui appartient : l'invention du «blanc cassis». Cette idée d'associer les deux productions locales, bourgogne aligoté et crème de cassis, est la sienne. Le chanoine Kir, homme d'Église et politique, l'a baptisé de son propre nom le 20 novembre 1951. En faisant de ce kir la boisson officielle des vins d'honneur de l'hôtel de ville de Dijon dont il fut le maire de 1945 à 1968, il a contribué à la notoriété du produit sans toujours se préoccuper de la qualité des matières premières utilisées.

Commercialement opportuniste, cette boisson est un des plus beaux exemples de camouflage gustatif : comment faire oublier qu'un vin blanc est mauvais, acide, piquant, sans bouquet ni parfum, en lui rajoutant plus ou moins de cassis. C.Q.F.D.

Le cassis ne manque pas de qualités, il est notamment quatre fois plus riche en vitamine C que l'orange, et les pigments anthocyanes auxquels il doit sa couleur noire très dense lui donnent, comme à la myrtille, le pouvoir de développer l'acuité visuelle. Il participe à l'élaboration de nombreux desserts, gâteaux, glaces, sorbets, soufflés. Écrasé, il permet la fabrication de coulis, pratiques et décoratifs. Il offre surtout la possibilité de réaliser des gelées délicates, subtiles et parfumées.

Gelée de cassis et groseilles

Ingrédients
pour 4 pots de 375 g
1,250 kg de cassis
250 g de groseilles rouges
1 kg de sucre cristallisé
1 verre d'eau (20 cl)

Passer les cassis sous l'eau fraîche, égoutter. Procéder de même pour les groseilles, les égrapper.

Dans la bassine à confiture, porter lentement l'eau et le sucre à ébullition, laisser cuire pendant 5 minutes (105 °C au thermomètre). Ajouter la moitié des fruits, faire reprendre l'ébullition en remuant. Ajouter le reste des fruits et maintenir la cuisson sur feu vif pendant 2 minutes.

Verser le contenu de la bassine sur un tamis ou dans une passoire, au-dessus d'un saladier. Laisser égoutter sans presser les fruits. Jeter la pulpe.

Reverser dans la bassine le sirop de fruits obtenu et à partir de l'ébullition, compter 10 minutes de cuisson.

Mettre en pots aussitôt et couvrir à froid.

* **Variantes :** aromatiser le jus avec 3 clous de girofle. Remplacer les groseilles rouges par des groseilles blanches. Remplacer le cassis par des framboises.

L'usage de l'extracteur de jus facilite la vie et permet d'obtenir le jus très clair et limpide (voir p. 20).

La Cerise

La cerise est probablement le fruit le plus évocateur des souvenirs d'enfance et des premiers jeux amoureux. C'est souvent le premier bijou que les petits garçons offrent à leur petite amie. Cette paire de cerises boucles d'oreilles encourage la coquetterie et favorise les premiers gestes de femme. On dégage son cou en relevant ses cheveux pour mettre en valeur le cadeau, on se regarde comme dans un miroir dans l'œil déjà excité du généreux donateur, on prend conscience de sa féminité et de son pouvoir.

Grâce à la cerise, les petites filles découvrent les artifices du maquillage en se colorant les lèvres de jus carminé pour appeler, provoquer le premier baiser.

À peine sortis de l'enfance, nous pratiquions un jeu qui nous mettait, garçons et filles, dans un intense état d'excitation. À la sortie de l'école communale, nous allions dans le verger de mon grand-père jouer « au noyau ». Un garçon, tiré au sort, les yeux bandés, devait deviner le nom de la fille qui, après avoir mangé une cerise, lui glissait le noyau tiède dans la bouche. S'il trouvait, il avait le droit de l'embrasser. Que d'émoi, de trouble, de plaisir!

Initiation amoureuse, désobéissance et gourmandise, voilà ce qu'évoquent les cerises de mon enfance. Lorsque nous étions dans les arbres à les manger sans retenue, à pleines poignées, nous savions bien que ces plaisirs nous étaient interdits et que leurs conséquences seraient des maux de ventre d'autant plus douloureux qu'après ces agapes, nous ne savions pas résister à l'appel de la source glacée. Déjà punis par la souffrance, il arrivait qu'en plus nous soyons privés du clafoutis de notre quatre-heures. Cette gourmandise fabriquée par ma grand-mère était d'une légèreté aérienne. De la crème, des œufs et des cerises. Une sorte de flan vanillé qui fondait dans la bouche. Nous adorions ce clafoutis car, en plus du plaisir gourmand, il était l'occasion de jeux d'adresse à partir des noyaux que nous prenions, glissants de salive, entre le pouce et l'index, pour les faire gicler dans l'assiette ou dans le verre des camarades qui partageaient ce fastueux goûter.

Merci à Lucullus car, sans lui, nous n'aurions sans doute pas connu ces délicieux plaisirs d'enfance. On prétend que le consul romain – auquel on doit le mot célèbre « Lucullus dîne chez Lucullus » – aurait rapporté le cerisier de Cérasonte, en Asie Mineure, après sa victoire contre Mithridate. On raconte aussi que ce seraient les oiseaux migrateurs qui, ayant avalé goulûment des cerises entières, auraient semé des noyaux à travers l'Europe, au gré de leurs déplacements et des caprices de leur transit intestinal.

La France produit 68 500 tonnes de cerises. Nous arrivons en cinquième position après la Pologne (première), suivie par l'Italie, l'Espagne et la Roumanie. L'uniformisation du verger français n'est pas encore à l'ordre du jour. Nous continuons à produire plus de deux cents variétés alors que depuis les années 90, les marchés européens, rajeunis, présentent une dizaine de variétés pour la majorité des tonnages commercialisés : Burlat, Summit, Stark, Van, Hedelfingen, Reverchon, Belge, Duroni 3, Napoléon, Sweet Heart®…

On peut les classer, selon leur arrivée sur le marché, en trois grands groupes :
- les cerises « acides », griottes et montmorency, surtout destinées à la préparation de cerises à l'eau-de-vie. À la fin du XIXe siècle, la cerise de Montmorency était très appréciée des Parisiens, ils louaient des arbres à l'heure ou à la journée pour la cueillette. On en fait des confitures légèrement acidulées. À la cuisson, elles deviennent presque incolores.

– Les cerises « anglaises », assez peu cultivées, rares sur les marchés et destinées, généralement, aux conserves, confitures et liqueurs. Cette variété permet la réalisation de cerises au vinaigre, exquis condiment qui accompagne délicieusement les viandes froides ou les bouillis de bœuf.

– Les cerises « douces » ou cerises « de bouche », importante famille dans laquelle on trouve les guignes, rares, précoces et vouées à la fabrication du kirsch, et les bigarreaux qui représentent 90 pour cent des cerises consommées. Nous achetons 1,2 kilo de bigarreaux par an et par personne.

Ces chiffres ne tiennent pas compte de l'autoconsommation, très importante, représentant environ 40 pour cent de la consommation totale.

La saison des cerises est malheureusement limitée dans le temps. Les premières arrivent sur les marchés vers la mi-mai, ce sont les burlat, les dernières, les bigarreaux blancs, tirent leur révérence fin juillet. Il faut donc se hâter d'astiquer les bassines.

CHOIX

Selon leur arrivée sur le marché, on commencera par faire quelques pots de cerises acides, moyennement sucrées pour conserver leur spécificité, suivies par les cerises anglaises, si on a la chance d'en trouver, ou, mieux, d'en cueillir dans son propre verger, pour ensuite se consacrer aux différentes variétés de la famille des bigarreaux.

– La Burlat est un fruit précoce, arrondi, à l'épiderme rouge vif à pourpre, brillant, juteux, semi-ferme.

Elle manque généralement de sucre et rend beaucoup de jus.

– La Cœur-de-Pigeon est allongée, presque noire ou presque blanche, ferme, croquante, parfumée, sucrée.

Elle se confiture lorsqu'elle est noire. Elle ne nous déplaît pas dans la confiture aux quatre fruits rouges où sa fermeté fait bon ménage avec le moelleux des autres fruits.

– La Reverchon est arrondie, l'épiderme carmin à pourpre foncé, la chair dense, presque granuleuse, épaisse et rose. Elle a du goût, du jus, du sucre.

La fermeté de sa chair s'assouplit peu à la cuisson, mais ses qualités gustatives justifient pleinement que l'on en fasse un ou deux pots.

– La Van et la Géant d'Hedelfingen, deux variétés originaires du Canada et d'Allemagne, sont d'implantation récente dans le verger français et présentent pour les confitures l'inconvénient d'être de très grosse taille et fermes.

QUALITÉS

Quelle que soit la variété des cerises, on veillera à les choisir :
- saines, sans trace d'altérations, de piqûres d'insecte ou de coups de bec d'oiseau,
- fermes,
- brillantes sans poisser,
- homogènes et uniformes dans la couleur,
- avec un pédoncule vert, souple et turgescent.

Confiture de cerises noires

Ingrédients
pour 4 pots de 375 g
1,250 kg de cerises noires, soit 1 kg net de chair
1 kg de sucre cristallisé
1 citron
1 gousse de vanille

Laver les cerises, les sécher dans un torchon, les équeuter, les dénoyauter. Garder une poignée de noyaux, les enfermer dans un nouet de gaze.

Dans un saladier, mettre les cerises avec le sucre, le citron coupé en rondelles, la gousse de vanille fendue et bien grattée ; ajouter le nouet. Couvrir et laisser macérer 2 ou 3 heures pour que les cerises rendent leur jus.

Égoutter le mélange dans une passoire au-dessus de la bassine à confiture. Porter le jus à ébullition. Laisser bouillotter 10 minutes, ajouter les cerises, les rondelles de citron, la gousse de vanille et le nouet, et maintenir la cuisson pendant 30 minutes. Retirer la gousse de vanille, les rondelles de citron et le nouet, mélanger.

Mettre en pots aussitôt et couvrir selon la méthode choisie.

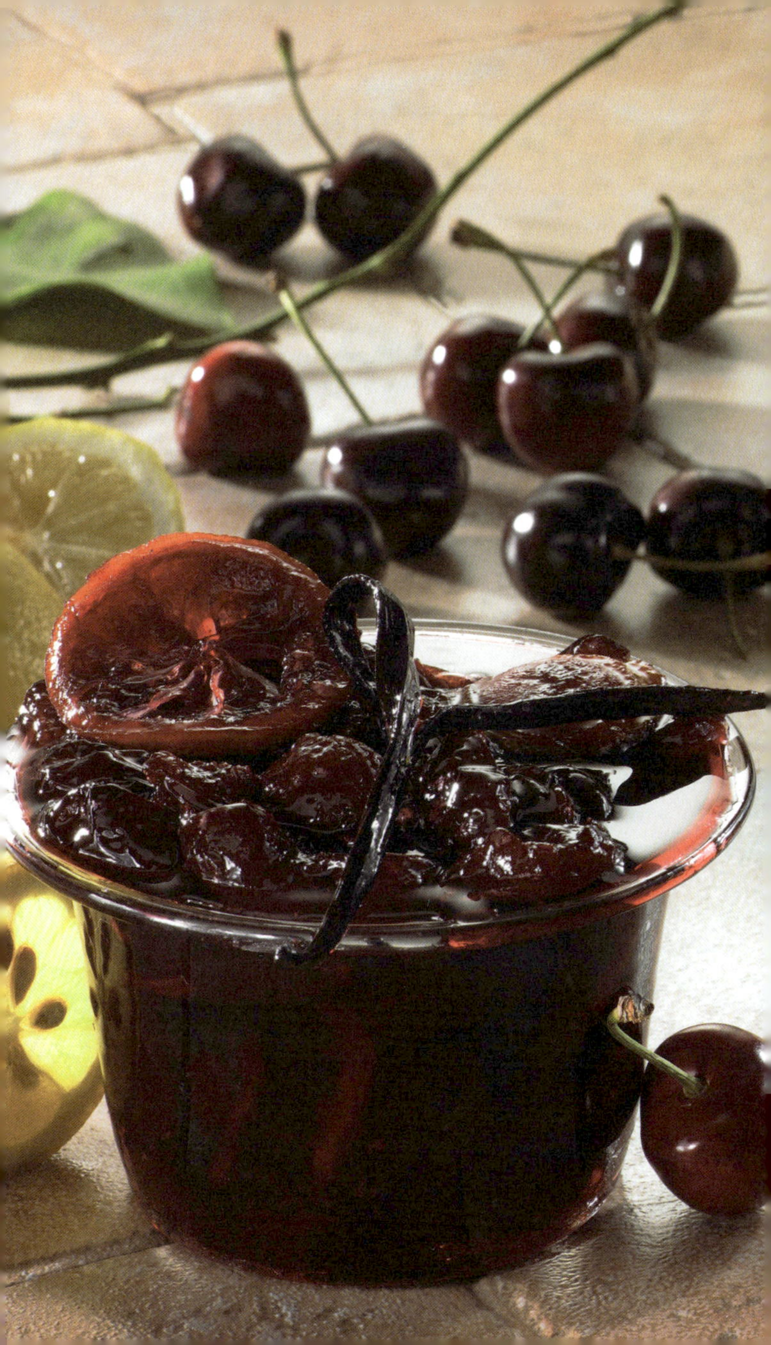

Confiture de cerises

Ingrédients
pour 4 pots de 375 g
1,250 kg de cerises, soit 1 kg net de chair
1 kg de sucre cristallisé
4 rondelles de citron

Laver les cerises, les sécher dans un torchon, les équeuter, les dénoyauter. Garder une poignée de noyaux, les enfermer dans un nouet de gaze. Couper les rondelles de citron de façon à obtenir de tout petits morceaux triangulaires.

Dans un saladier, mélanger les cerises, le sucre et les morceaux de citron, ajouter le nouet. Laisser macérer au frais pendant 3 heures en remuant toutes les heures.

Égoutter le mélange au-dessus de la bassine à confiture. Porter lentement le jus à ébullition. Laisser bouillotter pendant 10 minutes.

Verser dans le jus brûlant les cerises, les morceaux de citron et le nouet. À la reprise de l'ébullition, maintenir la cuisson pendant 15 à 20 minutes (103 °C au thermomètre). Après 15 minutes, vérifier la consistance du jus en versant quelques gouttes sur une assiette très froide. S'il prend en gelée, retirer le nouet, et mettre en pots aussitôt ; sinon prolonger la cuisson pendant quelques minutes.

Répartir les cerises dans les pots, ajouter le sirop et couvrir selon la méthode choisie.

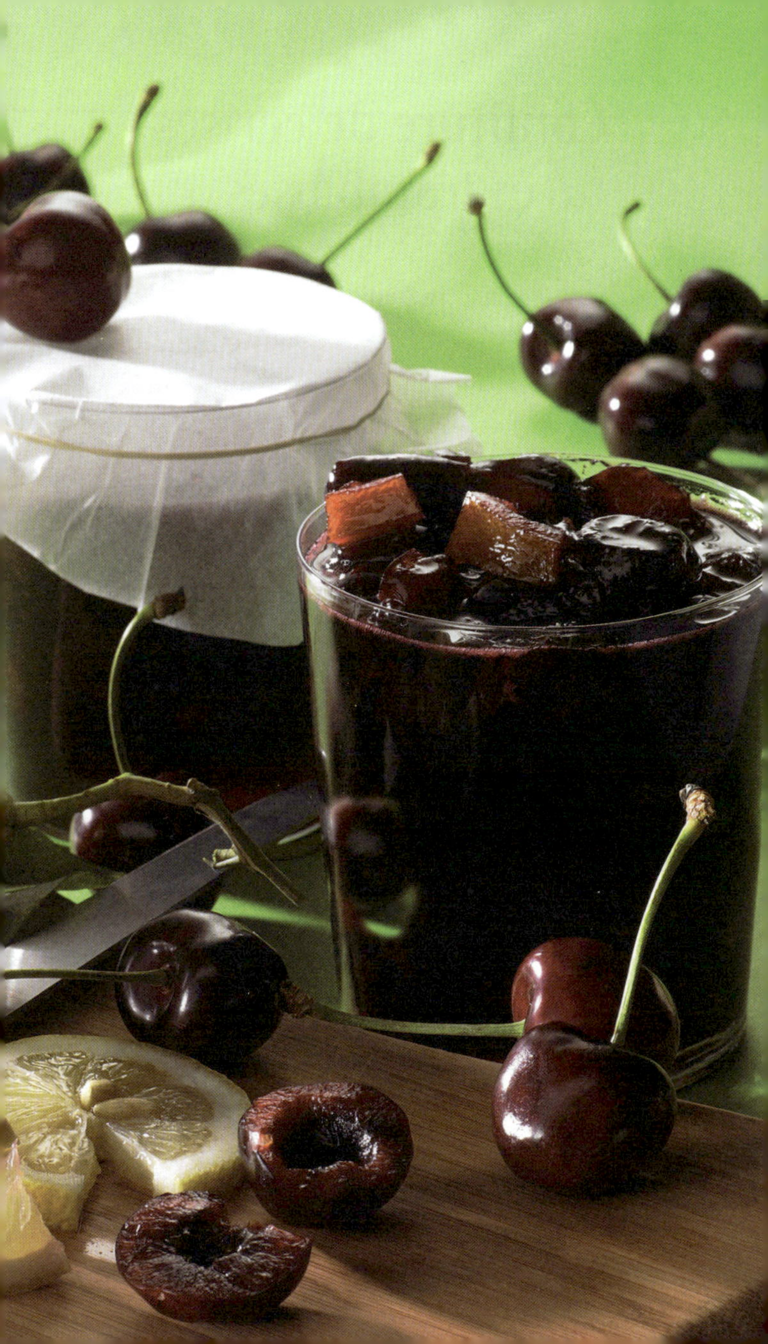

Confiture de cerises et framboises

Ingrédients
pour 4 pots de 375 g
850 g de cerises noires, soit 600 g net de chair
250 g de framboises
1/2 citron
900 g de sucre cristallisé, plus 1 cuillère à soupe

La veille, mettre les framboises et le demi-citron au congélateur. *Surgelés, framboises et citrons libèrent mieux la pectine que renferment les pépins.* Laver les cerises, les sécher dans un torchon, les équeuter, les dénoyauter. Garder une poignée de noyaux, réserver.

Utiliser l'extracteur de jus (voir p. 20) pour recueillir le jus des framboises.

Enfermer dans un nouet de gaze les pépins et la pulpe des framboises récupérés dans l'extracteur de jus ainsi que les noyaux de cerises.

Dans la bassine à confiture, porter lentement à ébullition le jus des framboises obtenu et le sucre, en remuant avec la cuillère en bois, maintenir 4 minutes de cuisson (110 °C au thermomètre). Ajouter les cerises, le demi-citron et le nouet. Remuer délicatement en évitant d'écraser les fruits. À la reprise de l'ébullition, laisser bouillotter pendant 8 minutes en écumant si nécessaire. Retirer le citron et le nouet.

Mettre en pots aussitôt et couvrir selon la méthode choisie.

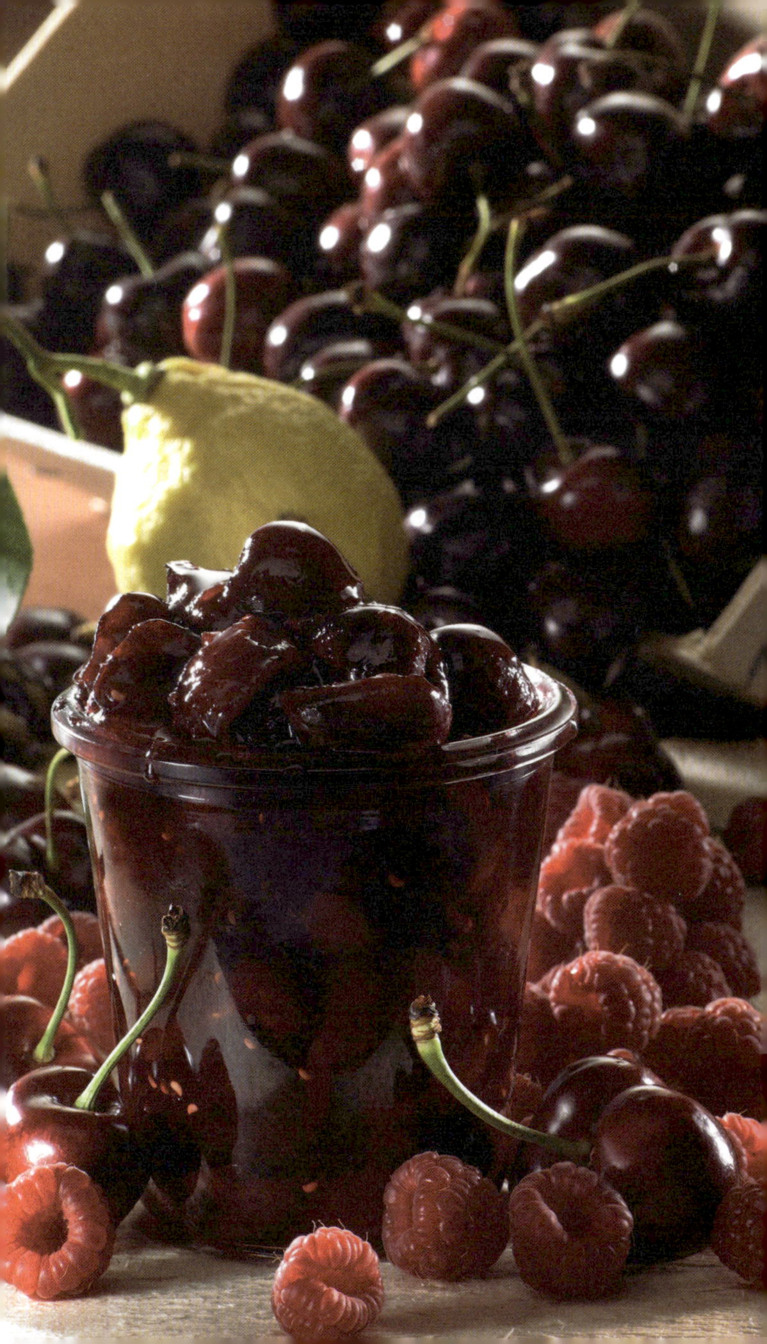

Confiture de cerises au jus de framboises et groseilles

Ingrédients
pour 4 pots de 375 g
1,1 kg de cerises, soit 900 g net de chair
200 g de framboises
200 g de groseilles
800 g de sucre cristallisé

Laver les cerises, les sécher dans un torchon, les équeuter, les dénoyauter. Garder une poignée de noyaux, réserver. Laver les groseilles, les sécher dans un torchon, les égrapper.

Passer les framboises et les groseilles dans l'extracteur de jus (voir p. 20).

Verser le jus obtenu dans la bassine à confiture. Porter lentement à ébullition et compter 7 à 8 minutes de cuisson à petits bouillons. Ajouter les cerises et, enfermés dans un nouet de gaze, la pulpe et les pépins des framboises et des groseilles récupérés dans l'extracteur de jus ainsi que les noyaux de cerises.

Maintenir à ébullition pendant 30 minutes. Retirer le nouet.

Mettre en pots aussitôt et couvrir à froid.

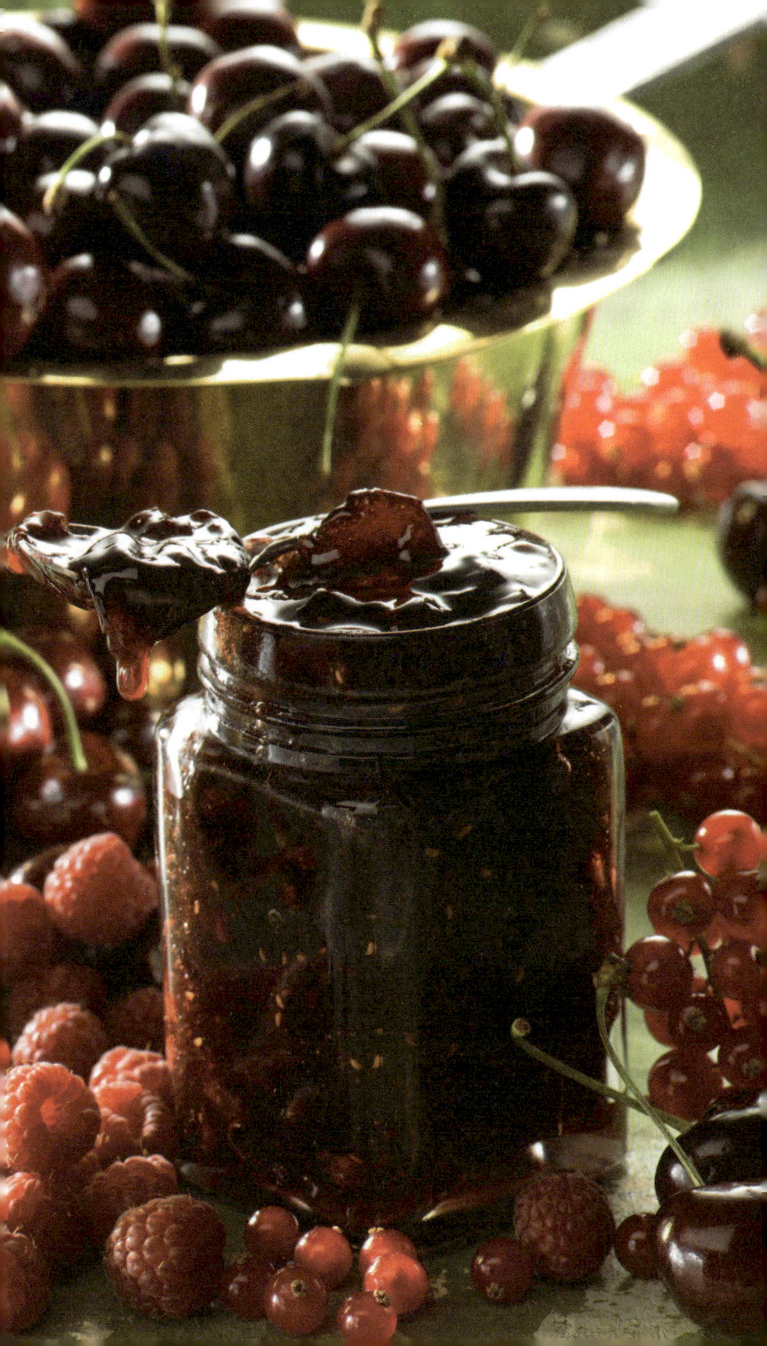

La Châtaigne ou le Marron

Quelle confusion! Châtaigne ou marron? Marron ou châtaigne, comment faire la différence? Cela pourrait paraître simple, cela ne l'est pas tout à fait.

Au départ, deux arbres :

Le marronnier produit des marrons, dits marrons d'Inde, non comestibles. Il s'agit du marronnier des parcs publics, celui sous lequel les bancs accueillants permettent de se bécoter.

Le châtaignier, lui, produit des fruits comestibles appelés marrons ou châtaignes selon la variété botanique de l'arbre. Le marron issu du châtaignier est un fruit non cloisonné qui ne comporte qu'une seule et unique graine alors que la châtaigne est un fruit cloisonné comportant de 2 à 5 graines. Les variétés de châtaigniers : Rousse de Nay ou Laguépie donnent des châtaignes alors que les variétés Pellegrine, Bouche-Rouge ou Marron-Comballe donnent des marrons.

Jusque-là tout paraît très clair. Cela se gâte dès que l'on aborde l'usage et des marrons et des châtaignes. Cramponnez-vous, on y va! L'usage veut que l'on fasse griller des châtaignes et que l'on mange de la crème de marron et pourtant, les châtaignes sont généralement réservées à l'élaboration de la confiture, de la crème et de la purée alors que les marrons, eux, servent à faire des marrons au naturel, sous vide ou en conserve, des marrons au sirop et des marrons glacés. Il est peut-être bon de préciser que nous sommes les spécialistes mondiaux du marron glacé mais, qu'en général, nos confiseurs ont plutôt tendance à l'acheter en Italie, ce qui est bien regrettable, d'autant que les producteurs, principalement d'Ardèche, mais aussi du Var, de Dordogne et de Corse, se donnent depuis quelques années beaucoup de mal pour réorganiser les vergers.

Il est important de noter que l'achat de châtaignes fraîches demande du soin et une certaine connaissance. Une châtaigne doit avoir «de la gueule», brillante comme un sou neuf, souple, sans aucune trace de flétrissure. Un marron terne est à éviter. Il est périssable, se stocke au frais peu de temps car il s'altère rapidement.

La châtaigne a sa légende. Figurez-vous que Jupiter était très porté sur la bagatelle et qu'il avait décidé de s'envoyer en l'air avec Néa, charmante petite nymphe faisant partie de la suite de Diane. La belle Néa était très heureuse de son petit boulot chez Diane et n'avait aucune intention de se laisser faire une gâterie par Jupiter. Peur de perdre sa place sans doute, d'encourir la colère de Diane ou de se faire plaquer comme une vulgaire péripatéticienne de faubourg. On le sait, Jupiter était un grand costaud, il réussit à coincer Néa derrière une colonne. Boum, un, deux, peut-être trois (l'histoire ne le dit pas). Néa, déshonorée, avale un bol de ciguë. Départ pour le paradis des petites filles violées. Jupiter, pas content du tout, la transforme en châtaignier et accompagne cette métamorphose d'une oraison funèbre sur «la chaste Néa» (en latin *casta Nea*). Voilà comment une malheureuse «histoire de fesses» qui tourne mal permet à l'univers botanique d'augmenter son patrimoine.

Sans rapport avec ce qui précède, il est bon de rappeler que la châtaigne se laisse volontiers griller, sous réserve qu'elle soit disposée sur une poêle trouée.

Confiture de marrons

Ingrédients
pour 4 pots de 375 g
2 kg de marrons, soit 1,6 kg net de chair
500 g de sucre cristallisé
4 rondelles de citron
2 gousses de vanille
1 verre d'eau (20 cl)

Inciser les marrons, un par un, avec la pointe d'un couteau. Les faire cuire pendant 20 à 25 minutes dans une grande casserole d'eau avec les rondelles de citron. Retirer l'écorce et la peau brune et les passer au moulin à légumes, grille fine, au-dessus d'un récipient (*on peut sans dommage éviter ce qui précède en utilisant des marrons surgelés*).

Dans la bassine à confiture, porter lentement le sucre et l'eau à ébullition, ajouter les gousses de vanille fendues et bien grattées. Maintenir l'ébullition 5 minutes (105 °C au thermomètre). Ajouter les marrons et laisser cuire pendant 15 à 20 minutes en remuant constamment. *La confiture prend la consistance d'une purée un peu souple.*

Retirer les gousses de vanille et mettre en pots aussitôt. Tasser la confiture, en tapant le fond des pots sur un torchon plié en plusieurs épaisseurs pour chasser les poches d'air qui pourraient se former. Couvrir selon la méthode choisie.

Le Citron

Le citron est jaune et n'a rien à voir avec la lime que l'on appelle à tort «citron vert». Ce sont deux espèces différentes qui ont pour origine botanique le *Citrus*. La lime est un agrume à part entière aussi différent du citron que l'orange l'est du pamplemousse. On imagine à tort que la lime est un citron jaune cueilli avant maturité. Erreur, la lime est petite, verte, sa peau est lisse, sa chair sans pépin. Elle est originaire du Brésil, des Antilles et de Californie.

Le citron jaune serait originaire des contreforts du Cachemire pour les uns, de l'archipel malais pour d'autres. Laissons à chacun sa conviction. Notons que les Chinois le connaissaient un bon millénaire avant notre ère et le cultivaient sous le nom de *limong*. À l'occasion des grandes épopées caravanières, il fut transporté en Mésopotamie où il s'acclimata et d'où les Hébreux le rapportèrent en Palestine. Les Arabes vont se charger de sa diffusion au Moyen-Orient, en Égypte et en Espagne, vers le Xe siècle, aidés par les croisés. Les conquistadores l'emmènent aux Amériques.

La pharmacopée médiévale tient le citron en grande estime : il est recommandé pour ses vertus fébrifuges (lui aussi) et antipestilentielles (on se parfumait la bouche et les vêtements avec l'huile essentielle). Cet agrume avait pour avantage de simuler la virginité. «Le pucelage au citron» était bien connu des jeunes filles peu sages et des femmes légères.

Outre ces mérites, on découvrit au XVIIIe siècle son caractère antiscorbutique, ce qui résolut bien des problèmes lors des longues traversées de la Marine royale.

Pendant très longtemps, le citron fut le cadeau traditionnel de l'écolier à son maître en fin d'année scolaire. Personne ne peut dire les raisons de cette coutume.

Le citron est indispensable aux confitures. Son jus les acidifie et facilite leur prise. Hervé This précise : «Les molécules de pectine, selon l'acidité du milieu, perdent ou non certains de leurs atomes d'oxygène, et deviennent électriquement chargés. Si l'on acidifie, c'est-à-dire si l'on ajoute des ions hydrogènes, la forte concentration de ces derniers tend à réassocier les ions hydrogènes aux molécules de pectine. Perdant ainsi leur charge électrique, celles-ci ne se repoussent plus et s'associent en un gel : la confiture.» On comprend mieux ainsi !

Confiture de citrons

Ingrédients
pour 4 pots de 375 g
1,4 kg de citrons non traités
1,1 kg de sucre cristallisé
Le jus d'un citron
1 litre d'eau

Laver les citrons. Transpercer chaque citron de part en part une dizaine de fois avec une aiguille à tricoter.

Mettre les citrons dans un grand récipient, les couvrir d'eau froide, poser une assiette retournée pour les maintenir complètement immergés. Garder au frais 48 heures, en changeant l'eau toutes les 12 heures.

Couper et jeter les extrémités de chaque fruit. Couper les citrons en tranches fines sur une planche à rigole pour recueillir le jus. Récupérer les pépins et les enfermer dans un nouet de gaze.

Dans la bassine à confiture, mettre les rondelles de citrons, ajouter 1 litre d'eau et le nouet de pépins. Porter à ébullition et laisser cuire 45 minutes à frémissement – *la peau des citrons doit être tendre.*

Égoutter les citrons et le nouet, en réservant environ 30 cl du liquide de cuisson.

Dans la bassine à confiture, porter lentement les 30 cl d'eau réservés (un verre et demi) et le sucre à ébullition. Maintenir 4 minutes de bouillottement (110 °C au thermomètre). Ajouter les rondelles de citrons, le nouet, le jus de citron récupéré, mélanger avec la cuillère en bois. À la reprise de l'ébullition, mettre la bassine hors du feu, laisser reposer 10 minutes.

Remettre la bassine sur le feu, porter à ébullition et laisser cuire 15 bonnes minutes (105 °C au thermomètre). *La confiture doit napper la cuillère.* Retirer le nouet de pépins.

Mettre en pots aussitôt et couvrir selon la méthode choisie.

La Clémentine

Il ne faut pas confondre la mandarine et la clémentine bien qu'elles fassent partie de la même et grande famille des *Citrus*. La mandarine est la maman de la clémentine et son papa est le bigaradier (orange amère). Elle est complètement le fruit du hasard car, depuis la naissance de la clémentine, personne n'a réussi à recroiser artificiellement ces deux spécimens. La nature nous réserve bien des mystères, surtout avec les agrumes, et principalement avec la mandarine qui mute naturellement et très souvent.

La clémentine est donc née en 1902, en Algérie, à l'orphelinat de Misserghine. Le père Clément Rodier la porta sur les fonts baptismaux et lui donna son nom. N'est-ce pas un petit péché d'orgueil?

La clémentine est fille indigne : en moins d'un siècle, elle a éliminé sa maman des compotiers. On peut le regretter, d'autant qu'elle est moins savoureuse et moins parfumée, mais elle est supposée ne pas avoir de pépins. C'est une idée reçue car certaines variétés de clémentines en ont. Le législateur ne s'y est pas trompé puisqu'il s'est penché sur le très sérieux problème du pépin de la clémentine (comme s'il n'avait rien d'autre à faire) et a décrété que la mention «sans pépins» serait exclusivement réservée aux fruits ne contenant pas plus de deux pépins. Entre deux et dix pépins, on les appelle «clémentines» sans autre adjectif ni complément. Dès l'instant où les clémentines ont plus de dix pépins, autrement dit quand on ne mange plus mais qu'on crache, le législateur bienveillant demande au producteur de nous prévenir en affichant «clémentine avec pépins» ou «clémentine monréal» – la clémentine monréal nous vient d'Espagne ou du Maroc et, Dieu merci, la variété est en voie de disparition.

Dans toute la mesure du possible, on choisira – il faut bien être cocardier – les clémentines corses. On les reconnaît facilement car leurs feuilles restent attachées aux fruits et nous font connaître ainsi leur fraîcheur. Leur cueillette est très soignée, elles présentent l'avantage de ne pas mûrir sous gaz éthylène, ce qui est franchement plus agréable quand on les déguste.

La clémentine possède des vertus appréciables : un grand pouvoir désaltérant (sa teneur en d'eau dépasse 85 pour cent), une teneur en sucre (environ 10 g pour 100 g de pulpe) et en acides organiques qui lui donne une saveur plus douce que celle des autres agrumes. Elle est riche en vitamine C (41 mg aux 100 g), en substances minérales (potassium, calcium, magnésium) et en oligo-éléments. Il n'est pas nécessaire de la conserver au réfrigérateur : elle reste fraîche une bonne semaine et ses qualités nutritives ne s'altèrent pas.

Confiture de clémentines

Ingrédients
pour 4 pots de 375 g
1,2 kg de clémentines non traitées
1 kg de sucre cristallisé

Laver les clémentines, les mettre dans une casserole, les recouvrir complètement d'eau froide. Porter à ébullition et laisser bouillotter 35 minutes. Égoutter et laisser refroidir.

Couper les clémentines en tranches fines sur une planche à rigole pour recueillir le jus. Les déposer dans la bassine à confiture, ajouter le sucre et le jus récupéré. Porter lentement à ébullition et laisser bouillotter 4 à 5 minutes (103 °C au thermomètre).

Mettre en pots aussitôt et couvrir selon la méthode choisie.

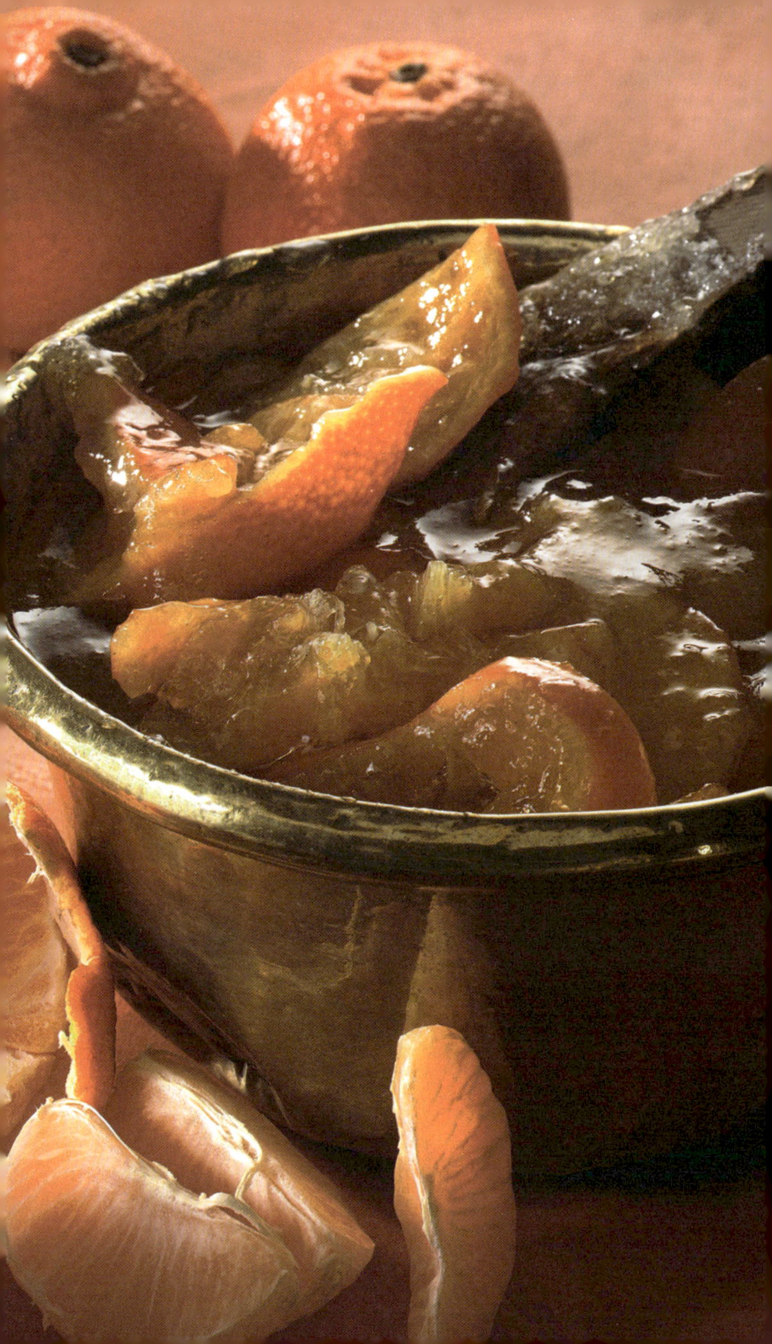

Le Coing

Dire d'un hépatique qu'il a le teint «jaune comme un coing» tient de la plus absolue ignorance botanique. Autant le malade a la peau terne, cireuse, éteinte, autant le fruit est éclatant, safrané, d'or. Que l'on cesse cet amalgame révoltant pour ce fruit dont l'histoire n'est qu'amour et que l'on pardonne à Balzac cette comparaison malvenue.

Cette fameuse «pomme d'or», dérobée au jardin des Hespérides par Discorde pour que Pâris puisse l'offrir à Aphrodite afin que tout le monde sache qu'elle était la plus belle, n'était-elle pas en réalité un coing?

Les nymphes inventèrent pour calmer les cris de Zeus enfant le coing confit au miel. Comment imaginer que l'on puisse apaiser le père des dieux avec un fruit qui ne soit pas éclatant?

Le coing était spécialement consacré à Vénus et, pour présage de bonheur et longévité conjugale, la jeune épousée devait croquer un coing avant de pénétrer dans la chambre nuptiale, la bouche imprégnée du délicat et propice parfum du fruit.

Outre ses propriétés aphrodisiaques, le coing a des vertus calmantes. Il «resserre», comme on dit, c'est sans doute pourquoi il se prête à la réalisation de gelées.

Le coing est immangeable cru, il est astringent et tannique. Ces inconvénients disparaissent à la cuisson. On le sert quelquefois, en Alsace, rôti au four pour accompagner du gibier ou mélangé à une compote de pommes dans une tourte, mais c'est en confiture ou en gelée qu'il s'exprime le mieux, seul ou avec la pomme, le gingembre, la cannelle et la bergamote.

Le cotignac (on ne prononce pas le «c» final), la célèbre pâte de coings dont raffolait Louis XIV, est une des spécialités d'Orléans que perpétue Charles Chavanette dans sa Chocolaterie royale, depuis que son père, Louis, a pris sa retraite en 2001. La tradition veut que cette friandise translucide et délicate soit moulée dans des petites boîtes rondes en bois d'épicéa.

Gelée de coings

Ingrédients
pour 4 pots de 375 g
1,4 kg de coings
800 g de sucre cristallisé
Le jus d'un citron
1,6 litre d'eau

Essuyer les coings avec un torchon pour retirer le fin duvet qui les recouvre. Les couper en quartiers et les passer dans l'extracteur de jus (voir p. 20).
Verser le jus recueilli dans la bassine à confiture, ajouter le sucre et le jus de citron (*le jus de citron éclaircit la couleur de la gelée*). Porter lentement à ébullition et laisser bouillotter 20 à 30 minutes, en écumant à deux reprises, jusqu'à ce que la gelée prenne. *Vérifier la consistance avec le procédé de l'assiette mise au congélateur.*

Mettre en pots aussitôt et couvrir à froid.

À défaut d'extracteur, procéder de la façon suivante : essuyer les coings, les couper en quartiers, retirer cœurs, pépins et tavelures. Couper les quartiers en tranches fines et les mettre dans la bassine à confiture avec l'eau et le jus de citron. Porter à ébullition et laisser bouillotter 1 heure en remuant fréquemment. Égoutter dans une passoire fine au-dessus d'un saladier, en appuyant sur les fruits avec le dos de la louche. Garder la pulpe pour faire des pâtes de coings*.

Verser dans la bassine le jus recueilli, ajouter le sucre. Porter lentement à ébullition et poursuivre la recette comme indiqué ci-dessus.

On peut remplacer un cinquième du poids des coings par des pommes.

* Pâte de coings
Pour 500 g de pulpe de coings
300 g de sucre cristallisé, plus quelques cuillères à soupe pour la finition

Dans une casserole, mélanger la pulpe de coings et le sucre. Laisser cuire une dizaine de minutes à feu doux, en remuant constamment jusqu'à obtenir une pâte épaisse.

Verser la pâte sur une planche ou sur un plateau entre deux couches de film alimentaire. À l'aide du rouleau à pâtisserie, l'étaler sur 1,5 cm d'épaisseur. Laisser refroidir. Mettre au réfrigérateur pour 24 heures.

Découper la pâte ferme et bien refroidie en carrés de 3 cm de côté. Les laisser sécher quelques jours dans un endroit sec en les retournant régulièrement. Puis les enrober de sucre cristallisé.

Conserver dans une boîte métallique ou en plastique hermétiquement close après avoir séparé chaque couche par du papier sulfurisé.

Gelée de coings à la cannelle

Ingrédients
pour 4 pots de 375 g
2 kg de coings, soit 1,3 kg net de chair
1,3 kg de sucre cristallisé
Le jus d'un citron
1 cuillère à café rase de cannelle en poudre

Éplucher les coings, les couper en gros quartiers. Les passer avec la peau, les cœurs et les pépins dans l'extracteur de jus (voir p. 20).

Dans la bassine à confiture, verser le jus recueilli, ajouter le sucre. Porter lentement à ébullition.

Après 15 minutes de cuisson, ajouter le jus de citron et la cannelle ; 15 à 20 minutes plus tard, la confiture prend une jolie teinte rosée. Il est bon de remuer avec la cuillère en bois jusqu'à la fin et d'écumer à deux reprises. *Vérifier la consistance de la gelée avec le procédé de l'assiette mise au congélateur.*

Mettre en pots aussitôt et couvrir à froid.

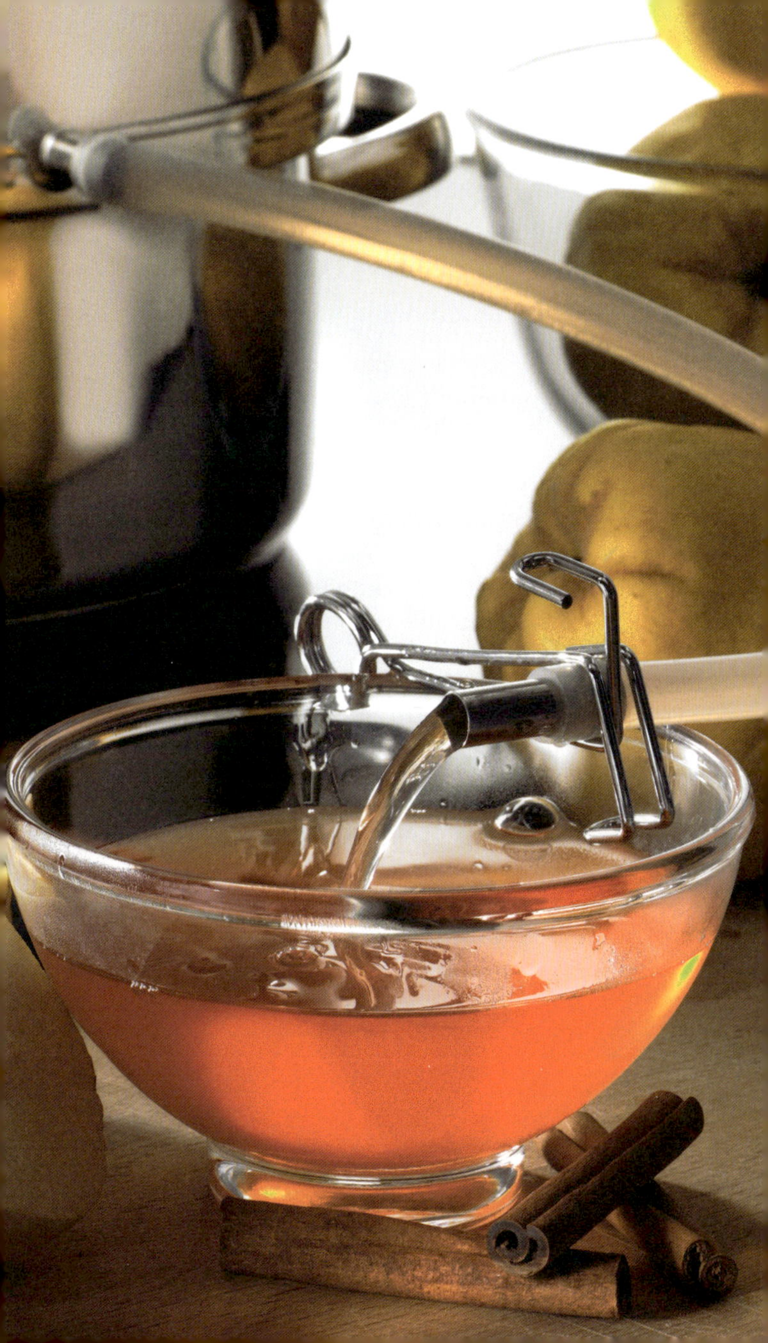

Gelée de coings à la cannelle et au gingembre confit

Ingrédients
pour 4 pots de 375 g
2 kg de coings
Sucre cristallisé
(poids égal à celui du jus de cuisson des coings)
100 g de gingembre confit
Le jus d'un citron
1 bâton de cannelle (10 cm) ou 1 cuillère à café rase de cannelle en poudre

Peler et couper les coings en quartiers. Les passer dans l'extracteur de jus (voir p. 20).

Dans la bassine à confiture, verser le jus recueilli, le sucre, la cannelle, le gingembre confit taillé en bâtonnets et le jus de citron. Porter à ébullition et laisser bouillotter 20 à 30 minutes en écumant à deux reprises. *Vérifier la consistance de la gelée avec le procédé de l'assiette mise au congélateur.*

Mettre en pots aussitôt et couvrir à froid.

On achète le gingembre confit dans les confiseries et dans la plupart des magasins d'alimentation. On peut le préparer soi-même, voir recette p. 234.

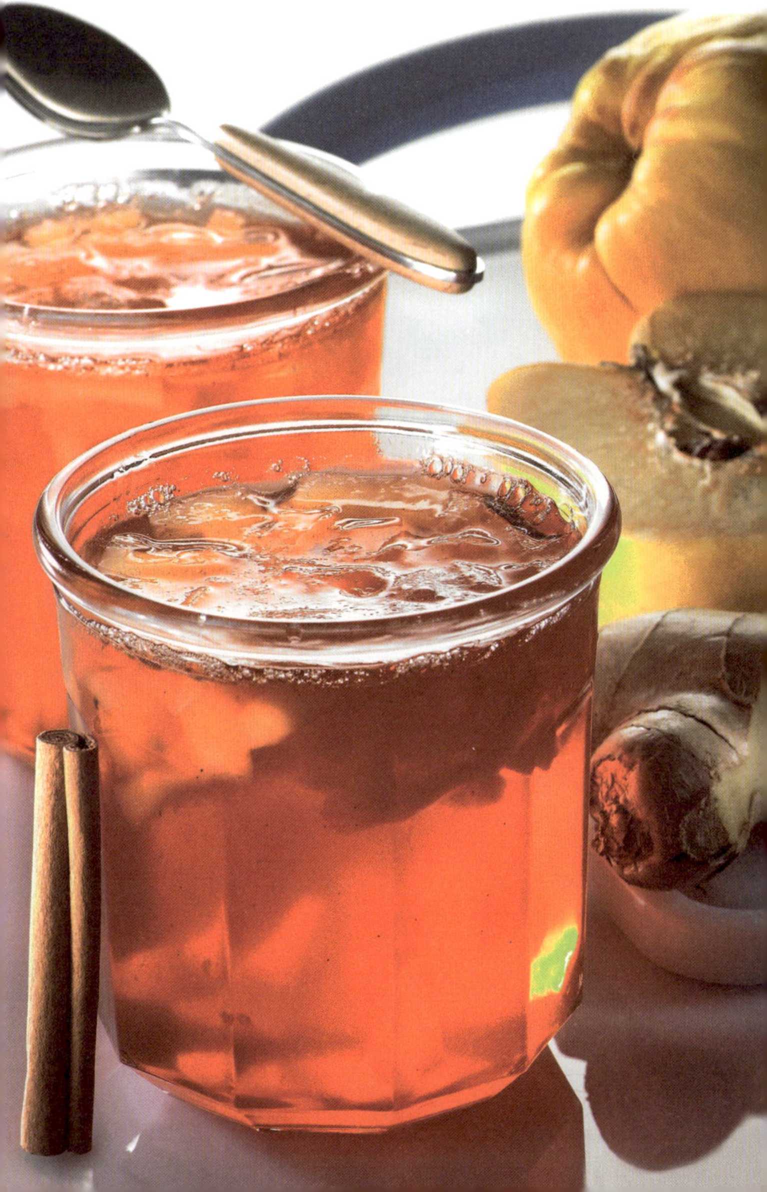

La Figue

Le figuier, avec la vigne, l'olivier, le grenadier, le palmier dattier, est l'arbre le plus cité dans la Bible. Il tient aussi une place primordiale dans les mythologies du monde méditerranéen. La cueillette des figues était l'occasion de grandes festivités à Babylone, mais les Phéniciens, Égyptiens et Grecs cultivaient aussi le figuier et étaient friands de ses fruits. Les tribus aryennes le répandirent au Proche-Orient, le long de la côte méditerranéenne, alors que les Arabes l'ont introduit en Afrique du Nord.

Le figuier a toujours symbolisé la Science, certains pensent même qu'il pourrait être l'arbre de la Connaissance du bien et du mal de la Genèse. Cette hypothèse nous oblige à imaginer Ève croquant une figue et non pas une pomme. La nudité de nos ancêtres aurait donc été cachée par des feuilles de figuier et non pas des feuilles de vigne. Cette théorie est plausible si l'on admet que c'est à partir du Moyen Âge seulement que la feuille de vigne devient le cache-sexe des athlètes.

La liste des événements auxquels la figue est mêlée est bien longue, retenons – ne serait-ce que pour en abuser – que Platon raffolait de figues et qu'il les conseillait aux philosophes pour les rendre plus intelligents.

Le figuier est une curiosité botanique : ses fleurs, minuscules et très nombreuses, sont alignées au fond d'un réceptacle qui devient charnu à maturité. Chacune de ces fleurs se transforme en un petit fruit sec que l'on appelle à tort pépin ou graine. Le mode de fructification du figuier est particulier, il permet deux récoltes, en juin et à l'automne. Les figues de juin sont des figues fleurs qui naissent l'été précédant la récolte et se développent pendant un an alors que les figues d'automne apparaissent au printemps de l'année de la récolte, se développent et mûrissent à l'automne de la même année. On se trouve donc en présence de deux types de figuiers, les bifères à deux récoltes et les unifères, plus nombreux, à une seule récolte.

Pour confiturer, on choisira la figue d'automne qui bénéficie d'une durée d'ensoleillement plus longue.

La couleur de sa peau n'a aucune influence sur sa maturité ou son goût. Certaines variétés ont la peau blanche ou verte et sont totalement mûres alors que d'autres, à la peau violacée, sont loin d'avoir atteint la maturité du bonheur. Pour s'assurer de la bonne maturité des figues, il faut qu'à la base du fruit perle une petite goutte de suc et que leur peau soit délicatement ridée.

Parmi les nombreuses variétés (il en existe plus de sept cents), la Noire de Caromb, la Bellone, la Boule d'Or, la Coucourelle grise, la Mouissonne ; la figue violette de Solliès ou Bourjassotte noire, AOC depuis le 27 mars 2006, est la plus réputée. Elle représente 70 à 80 pour cent de la production nationale. Sa chair rouge grenat a un goût exquis.

Les figues se mélangent volontiers aux noix et s'encanaillent sans gêne avec le rhum ou le cognac.

Confiture de figues

Ingrédients
pour 4 pots de 375 g

1 kg de figues fraîches
200 g de figues sèches
600 g de sucre cristallisé
30 cl d'eau
Le jus d'un citron et un beau ruban de zeste
Le jus d'une orange et un beau ruban de zeste
3 clous de girofle
1 cuillère à soupe de cannelle en poudre

Choisir des figues de petit calibre et pas trop mûres (*les figues de gros calibre coupées en morceaux se délitent à la cuisson*). Les passer sous l'eau fraîche, les sécher dans un torchon. Couper les queues. Piquer l'une des figues des 3 clous de girofle.

Couper la queue dure des figues sèches et détailler les fruits en bâtonnets de 1 cm de large.

Dans la bassine à confiture, porter lentement l'eau, le sucre, les jus d'orange et de citron à ébullition, laisser bouillotter 5 minutes.

Ajouter les figues fraîches. Faire reprendre l'ébullition, écumer. Ajouter les zestes d'orange et de citron, et les trois quarts de la cannelle. Maintenir la cuisson 40 minutes à petits bouillons en remuant fréquemment avec la cuillère en bois sans blesser les fruits. Racler la croûte de sucre qui se forme sur les bords pour la remettre dans la cuisson.

Ajouter les figues sèches et laisser cuire encore 10 minutes. Puis ajouter le reste de la cannelle et retirer les zestes.

Mettre en pots aussitôt, enfoncer les figues avec une fourchette pour bien les immerger dans le sirop. Couvrir selon la méthode choisie.

On peut suivre la recette sans figues sèches. On peut aussi remplacer les figues sèches par des cerneaux de noix fraîches pelées.

La Fraise

Dès leur apparition, au printemps, on mange des fraises sans se lasser. Au sucre, à la crème – souvent avec les deux –, au vin, en compote, en confiture, sur une tarte, nous les adorons sous toutes les formes. Même les allergiques à ses propriétés urticantes n'y résistent pas. La fraise est un des fruits préférés des Français et pourtant aucun d'entre nous n'a encore eu l'idée d'élever une statue à l'effigie d'Amédée François Frézier auquel nous devons tant de plaisir.

Né à Chambéry en 1682 dans une famille d'origine écossaise, rien ne prédisposait Frézier à s'intéresser à la fraise, si ce n'est son nom. Ses premières études l'entraînent vers la philosophie, rien à voir avec la fraise; ses penchants, vers le génie – ses ouvrages sur la construction des forts et des tranchées font référence –, toujours rien à voir avec la fraise; il se passionne pour la navigation et l'astronomie, les fraisiers sont encore loin… Savant mathématicien, il embarque à Saint-Malo en janvier 1712, ayant reçu du gouvernement français mission d'étudier les moyens de défense des colonies espagnoles du Chili et du Pérou. Mission particulièrement délicate mais qui, à aucun moment, ne peut laisser supposer qu'elle a ou aura des conséquences sur l'évolution de la fraise en Europe.

Ce bel esprit, observateur, passionné également de physique, de minéralogie et d'histoire naturelle, voyageait sur des navires marchands – sa mission était secrète –, aussi mettait-il pied à terre pour mener à bien certaines investigations. Lors d'une escale à Concepción, au Chili, il découvrit des plantations de fraisiers. Jamais Amédée François

Frézier ne s'était trouvé en présence de « fraises » aussi énormes : de la taille d'un œuf de poule. En Europe, elles étaient minuscules et, bien que La Quintinie réussisse à les faire pousser sous serre pour Louis XIV, il n'obtint jamais qu'elles grossissent.

Après deux ans et huit mois de navigation, Frézier rentre en France le 17 août 1714, mission accomplie. Il rapporte dans ses bagages quelques pieds de fraisiers. À son arrivée à Marseille, seuls cinq pieds ont résisté à sept mois et dix-neuf jours de traversée par une chaleur torride. On peut sans peine imaginer les trésors de persuasion qu'il dut prodiguer pour obtenir l'eau douce nécessaire pour arroser les fraisiers au cours du périple. Généreusement, il offrit deux de ces plants aux Bruny, armateurs du bateau, un à son ami Antoine de Jussieu, le célèbre botaniste. Il n'en garda qu'un.

Quelques années plus tard, le fraisier du Chili s'était propagé dans toute l'Europe.

Comment ne pas s'étonner de tant d'ingratitude à l'égard d'un homme si obstiné ?

Confiture de fraises

Ingrédients
pour 4 pots de 375 g
1,1 kg de fraises, soit 1 kg net
1 kg de sucre cristallisé
1 verre d'eau (20 cl)

Passer rapidement les fraises sous l'eau fraîche, les sécher dans un torchon, les équeuter.

Dans la bassine à confiture, porter lentement l'eau et le sucre à ébullition, maintenir 6 à 7 minutes (110 °C au thermomètre). Ajouter les fraises, mélanger délicatement en évitant d'abîmer les fruits qui doivent rester entiers. Faire repartir l'ébullition. Compter 10 minutes de cuisson à petits bouillons, en remuant de temps en temps. Les fraises deviennent translucides, comme confites. Les sortir de la bassine avec l'écumoire, laisser égoutter sur un tamis ou dans une passoire fine au-dessus d'un saladier.

Récupérer le jus rendu par les fruits, le verser dans la bassine. Laisser réduire en remuant, pendant encore 5 minutes (105 °C au thermomètre). Écumer.

Répartir les fruits dans les pots. Ajouter le sirop. Couvrir selon la méthode choisie.

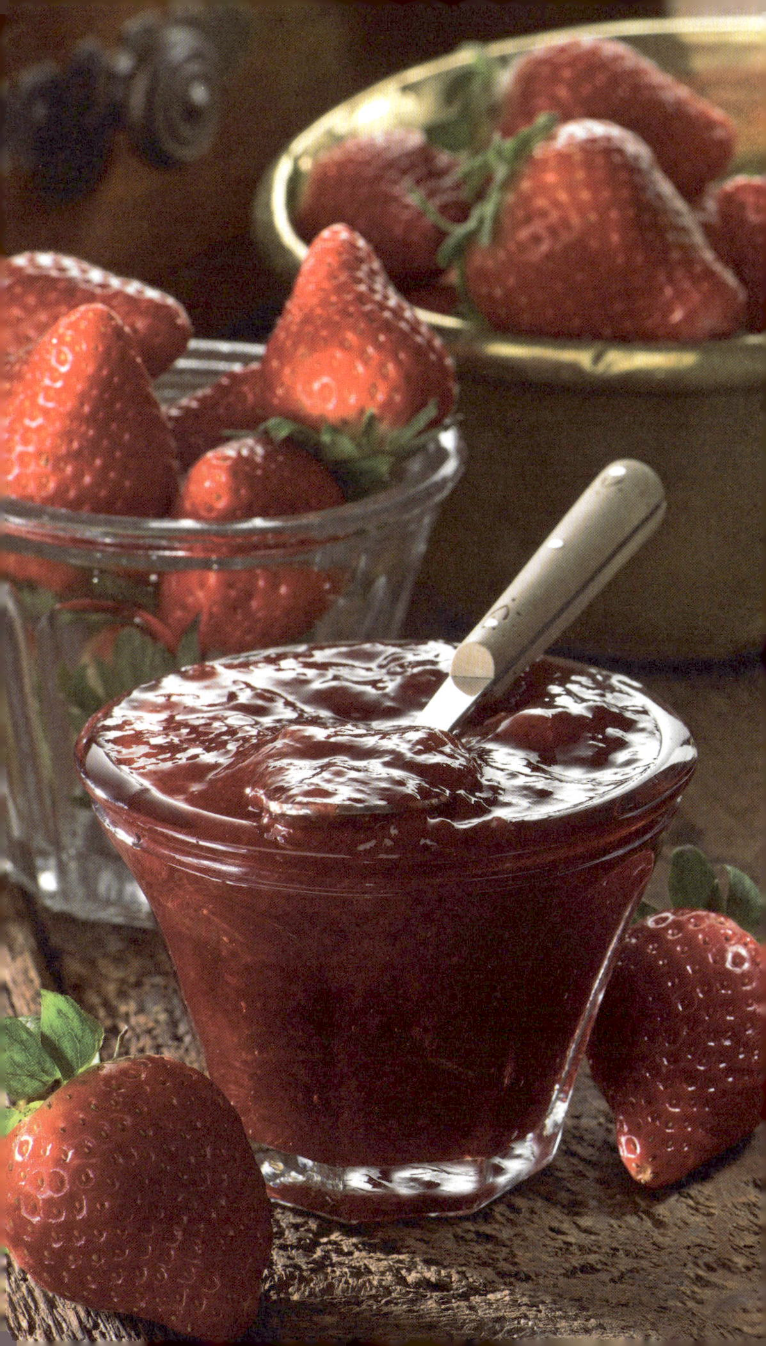

Confiture de fraises confites

Ingrédients
pour 4 pots de 375 g
1,3 kg de fraises plutôt grosses,
si possible de même taille, soit 1,2 kg net
1,2 kg de sucre cristallisé
1/2 citron coupé en 10 fines lamelles

Passer rapidement les fraises sous l'eau fraîche, les sécher dans un torchon, les équeuter. Les mélanger avec le sucre dans un saladier. Couvrir et laisser macérer 24 heures au frais ou au réfrigérateur. Ajouter les lamelles de citron et verser le tout dans la bassine à confiture. *Pour libérer le sucre qui forme une croûte au fond du saladier, le passer 30 secondes au four à micro-ondes.* Porter à ébullition pour 1 minute. Reverser la préparation dans le saladier, laisser refroidir. Couvrir. Mettre au frais ou au réfrigérateur.

Répéter cette opération 3 fois à 24 heures d'intervalle.

Égoutter les fraises dans une passoire, au-dessus de la bassine à confiture. Porter le sirop recueilli à ébullition, compter 10 minutes à petits bouillons. Ajouter les fraises confites. Mélanger et maintenir la cuisson pendant 10 minutes sans cesser de remuer : l'écume disparaît, la confiture épaissit et prend une jolie couleur. Mettre en pots aussitôt et couvrir selon la méthode choisie.

Quand la confiture commence à épaissir, éviter de prolonger la cuisson sinon elle prendrait la consistance du miel.

Gelée des quatre-fruits

Ingrédients
pour 4 pots de 375 g
300 g de fraises
200 g de framboises
400 g de cerises
400 g de groseilles rouges et blanches
1,250 kg de sucre cristallisé

Passer rapidement les fruits, à l'exception des framboises, sous l'eau fraîche. Équeuter les fraises *(les laisser entières)*. Équeuter et dénoyauter les cerises ; enfermer les noyaux dans un nouet de gaze. Égrapper les groseilles.

Mettre les fruits dans la bassine à confiture. Ajouter le sucre et le nouet, et porter lentement à ébullition en remuant constamment. Maintenir l'ébullition pendant 18 minutes. Écumer.
Verser le contenu de la bassine sur un tamis fin au-dessus d'un saladier. Retirer le nouet. Réserver la pulpe pour une marmelade* et mettre le jus en pots aussitôt. Couvrir à froid.

* Marmelade des quatre-fruits
Pour 400 g de pulpe :
2 cuillères à soupe de sucre cristallisé
1 cuillère à café de sucre vanillé
Le jus d'un demi-citron
1/2 verre d'eau (10 cl)
Mélanger tous les ingrédients dans une casserole. Porter à ébullition 3 minutes. Verser dans un compotier. Laisser refroidir.
Servir la marmelade avec du fromage blanc, ou tartinée sur des tranches de pain ou de brioche grillées et beurrées.

Si on utilise un extracteur de jus, il convient de mettre les cerises en premier, 15 minutes avant les autres fruits. Ajouter le sucre au jus et porter à ébullition.

La Framboise

Les légendes ont du bon, elles nous permettent de voyager en rêve et quand on leur accorde quelque crédit, elles apportent des réponses à l'invraisemblable. Prenez les framboises : on nous dit que les dieux de l'Olympe – généralement représentés comme des gros costauds – se nourrissaient de framboises dont on sait, par ailleurs, qu'elles sont des fruits remarquablement peu énergétiques. C'est une légende, on y croit!

Selon la même légende, on nous précise que ces framboises étaient blanches, on nous informe même de la manière dont elles sont devenues rouges. Écoutez bien, je ne suis pas sûr que vous y croyiez vraiment : Jupiter enfant, probablement mal élevé, braillait tout le temps et ses cris exaspéraient l'entourage. Un jour qu'il gueulait plus fort qu'à l'habitude, la nymphe Ida, fille de Mélissos, roi de Crète, passant par hasard près du bambin brailleur, se dit : « Faut le calmer! » Comment calmer un enfant dieu gueulard? Bonne question. Eurêka (encore un mot de légende, merci Archimède), donnons-lui des framboises! Sitôt dit, sitôt fait, elle prend un petit panier et s'en va cueillir ces beaux fruits blancs. Sur le mont Ida, à cette époque-là, les framboisiers étaient couverts d'épines, aussi lorsqu'elle se penche pour ramasser une framboise tombée à terre – une fille de roi de Crète peut être maladroite –, son sein gauche est égratigné par une épine de framboisier, son sang coule sur le panier de framboises qui rougissent de honte ou de plaisir, la légende ne le dit pas, pas plus qu'elle n'établit pourquoi Ida se baladait à poil devant un enfant en bas âge – une fille de roi de Crète peut être impudique.

Quoi qu'il en soit, toutes les framboises ne sont pas rouges, il en reste des blanches et on en trouve même des jaunes.

Vous y croyez toujours aux légendes, vous?

Gelée de framboises

Ingrédients
pour 4 pots de 375 g
2 kg de framboises, soit environ 1,3 kg net de jus
Sucre cristallisé (poids égal à celui du jus)

Passer les framboises à la centrifugeuse, ou au moulin à légumes, grille fine, puis au chinois, ou dans l'extracteur de jus (voir p. 20). Peser le jus obtenu, le mélanger dans un saladier avec le même poids de sucre. Couvrir. Laisser macérer pendant 30 minutes.

Verser le jus dans la bassine à confiture, porter lentement à ébullition. Laisser bouillotter 6 à 7 minutes (105/106 °C au thermomètre) en remuant constamment.

Mettre en pots et couvrir à froid.

Un pot entamé doit impérativement être conservé au réfrigérateur.

La Groseille

On raconte que les botanistes ont eu du mal à se mettre d'accord sur le nom de la famille des groseilles. Les discussions furent épiques entre ceux qui en tenaient pour «grossulacées» et ceux qui ne voulaient pas démordre de «ribésiées». Finalement, c'est un troisième nom qui arriva le premier à la course : «grossulariées» auquel une variante est autorisée : «grossulariacées».

La groseille à grappes n'apparaît pas dans l'Histoire et n'a pas d'histoire. Tout au plus sait-on qu'elle fut découverte à l'état sauvage dans toute l'Europe septentrionale jusqu'au Kamtchatka, et qu'elle était cultivée en Normandie et en Bretagne.

Un botaniste du XVIe siècle, Jacques Daléchamps, a déclaré «qu'elle apaise l'ardeur du sang». Si vous comprenez comme moi, cela signifie que la groseille a un point commun avec la laitue : elle est le seul fruit qui ne prétende pas à des vertus aphrodisiaques, comme la laitue qui affiche ses qualités apaisantes. Cette information ne justifie pas que l'on se prive de l'exquise gelée de groseilles.

Fruit sans histoire, la groseille a pourtant beaucoup contribué à la notoriété de Bar-le-Duc, dans la Meuse. On y fabrique une confiture dont la particularité est qu'elle est épépinée grain par grain à la plume d'oie taillée en biseau et ramollie quelques jours dans un bol d'eau pour ne pas meurtrir les baies.

Épépineuse : beau métier ! Le travail consiste à détacher chaque grain de sa grappe à l'aide d'une paire de ciseaux. Le pédoncule, conservé pour éviter l'éclatement du grain, ne doit pas dépasser deux millimètres. La main droite de l'épépineuse, munie de la plume d'oie affûtée, pratique une légère incision dans la peau du grain avant de retirer tous les pépins. L'entaille est ensuite rabattue sur la peau du fruit. Cette activité présentait deux inconvénients majeurs : en fin de journée, les doigts de l'épépineuse étaient rongés par l'acidité des baies et si « l'inspecteur des travaux finis » constatait qu'un seul pépin avait été oublié, la malheureuse était renvoyée !

Marie Stuart découvrit la groseille au retour de Reims après le sacre de son jeune époux François II, en 1559. Elle déclara que c'était « un rayon de soleil dans un pot ». Alfred Hitchcock a également beaucoup fait pour la notoriété de ces petits grains confits dans le sirop, il en mangeait un pot de quatre-vingt-dix grammes tous les matins à son petit déjeuner, tout comme Raymond Poincaré qui avait l'excuse d'être né à Bar-le-Duc.

L'épépineuse se fait rare alors qu'il y a de la demande. Les producteurs ont mis en place des formations accélérées. La machine n'a pu, à ce jour, remplacer ni la main ni la plume, aussi le pot coûte-t-il le prix du caviar !

Les groseilles à grappes, à ne pas confondre avec la groseille à maquereau, se présentent en rouge et en blanc. Elles contiennent l'une et l'autre peu de sucre, aux environs de 5 pour cent, et sont très riches en pectine. La rouge est légèrement plus acidulée que la blanche. On peut les confiturer séparément ou mélangées.

Confiture de groseilles rouges aux grains de cassis

Ingrédients
pour 4 pots de 375 g
1 kg de groseilles
250 g de cassis
1 kg de sucre cristallisé
1 verre d'eau (20 cl)
Le jus d'un citron

Passer les groseilles sous l'eau fraîche, les égoutter, les sécher dans un torchon. Les égrapper.

Passer les cassis sous l'eau fraîche, les égoutter.

Verser les groseilles dans un faitout. Couvrir. Faire éclater les grains à feu doux pendant 5 minutes, laisser refroidir. Passer le tout au moulin à légumes, grille fine, puis au chinois.

Dans la bassine à confiture, porter lentement l'eau et le sucre à ébullition (100 °C au thermomètre) en remuant avec la cuillère en bois. Ajouter le jus des groseilles, les grains de cassis et le jus du citron. Maintenir la cuisson 10 minutes à feu doux (90/95 °C au thermomètre) sans cesser de remuer.

Mettre en pots aussitôt et couvrir selon la méthode choisie.

* **Variante** : la confiture de groseilles et framboises.

Suivre la recette en remplaçant les grains de cassis par 250 g de framboises.

Gelée de groseilles (1)

Ingrédients
pour 4 pots de 375 g
1 kg de groseilles rouges
300 g de groseilles blanches
Sucre cristallisé
(poids égal à celui du jus des groseilles)

Passer rapidement les fruits sous l'eau fraîche. Les égoutter, les sécher dans un torchon. Les égrapper.

Passer les groseilles à la centrifugeuse ou au moulin à légumes, grille fine. *Il faudra le faire en plusieurs fois pour débarrasser la grille des pépins et des peaux qui s'y accumulent et retiennent le jus.* Ou, pour éviter ces inconvénients, utiliser un extracteur de jus (voir p. 20).

Passer le jus obtenu au chinois. Le peser et peser le même poids de sucre.

Verser le jus dans la bassine à confiture. Porter à ébullition. Hors du feu, ajouter aussitôt le sucre en tournant vigoureusement pour le faire fondre, jusqu'à ce qu'on ne sente plus le grain du sucre sous la cuillère en bois.

Mettre en pots aussitôt et couvrir à froid.

Gelée de groseilles (2)

Ingrédients
pour 4 pots de 375 g
1,4 kg de groseilles, soit 1,2 kg net égrappées
650 g de sucre cristallisé

Passer rapidement les groseilles sous l'eau fraîche. Les égoutter, les sécher dans un torchon. Les égrapper.

Verser les groseilles dans un faitout. Couvrir. Laisser les grains éclater à feu doux pendant 5 minutes. Passer au moulin à légumes, grille fine, puis au chinois. Recueillir le jus. L'utilisation d'un extracteur de jus simplifie cette corvée (voir p. 20).

Dans la bassine à confiture, verser le jus et la moitié du poids de sucre. Faire repartir l'ébullition et ajouter le reste du sucre. *L'apport du sucre en deux fois donne une couleur plus vive à la gelée et un goût de fruit plus net.*

Laisser cuire 8 minutes en remuant doucement. Écumer si nécessaire.

Mettre en pots aussitôt et couvrir à froid.

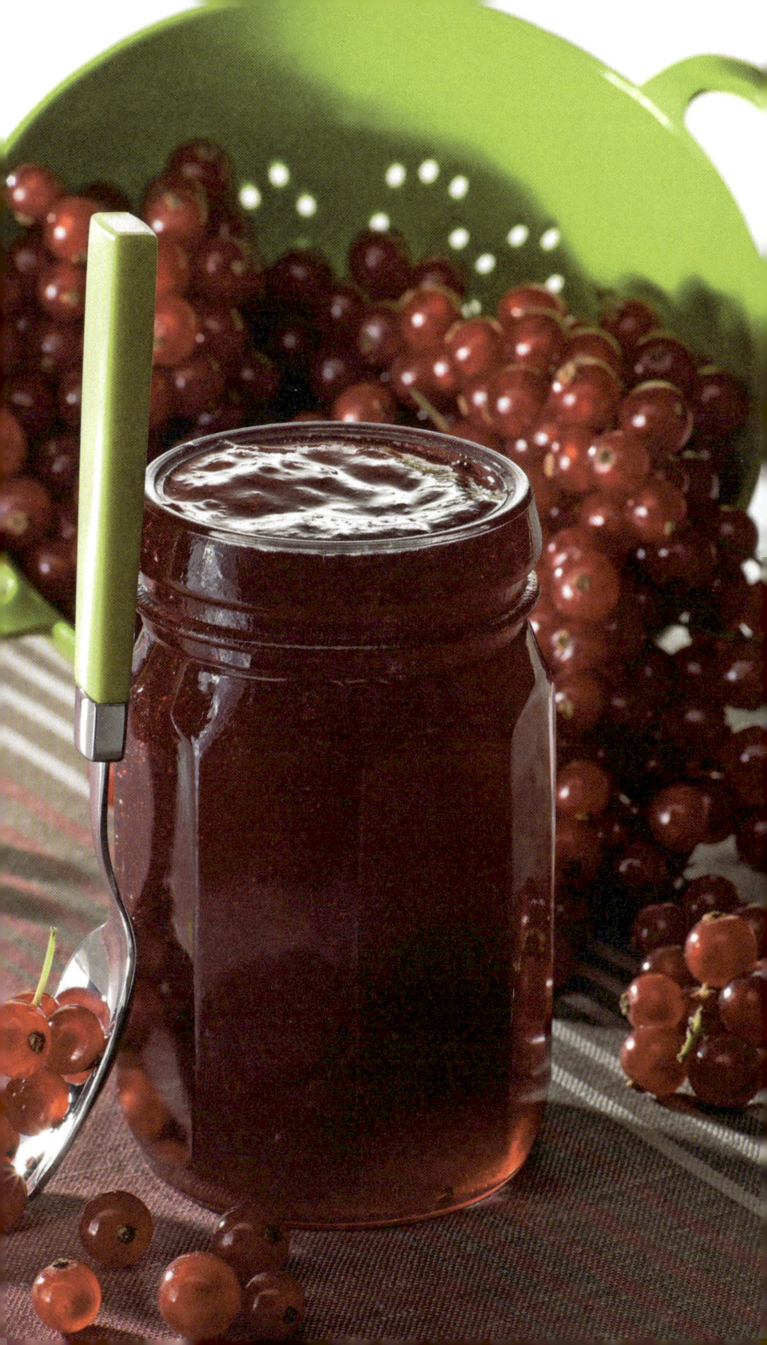

Gelée de groseilles entières

Ingrédients
pour 4 pots de 375 g
1,6 kg de groseilles
1,1 kg de sucre cristallisé
30 cl d'eau

Passer rapidement les groseilles sous l'eau fraîche, les égoutter, les sécher dans un torchon. Les égrapper.

Peser 500 g de groseilles. Réserver.

Verser le reste des fruits dans un faitout. Couvrir. Laisser éclater les grains à feu doux pendant 5 minutes. Passer au moulin à légumes, grille fine, puis au chinois. Recueillir le jus et le mélanger avec les groseilles réservées.

Dans la bassine à confiture, porter lentement l'eau et le sucre à ébullition (115 °C au thermomètre). Laisser cuire 8 à 9 minutes à petits bouillons. Ajouter le mélange de jus et fruits. Porter à ébullition et laisser cuire à frémissement (90 °C au thermomètre) pendant 10 minutes, en remuant constamment. *La température de 90 °C assure la couleur et la transparence de la gelée.*

Mettre en pots aussitôt et couvrir à froid.

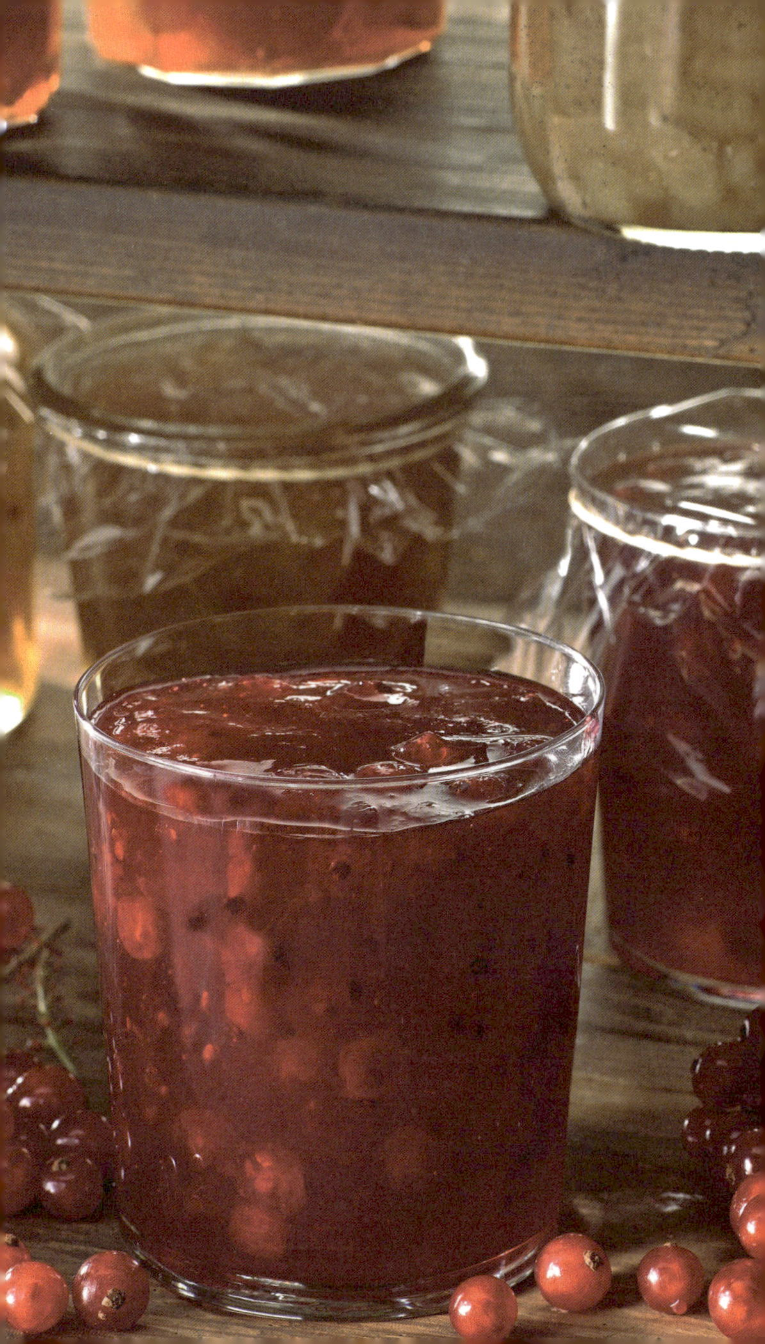

Gelée de groseilles à froid

Ingrédients
pour 4 pots de 375 g
1,3 kg de groseilles
Sucre cristallisé (poids égal à celui du jus)

Préchauffer le four à 150 °C (thermostat 5).

Passer les groseilles sous l'eau fraîche, les égoutter, les sécher dans un torchon. Les égrapper. Passer au moulin à légumes, grille fine, puis au chinois. L'utilisation d'un extracteur de jus simplifie cette corvée (voir p. 20).

Verser le sucre dans un plat à gratin. Mettre au four pour 10 à 12 minutes. Remuer deux ou trois fois pour que le sucre soit très chaud, sans brunir. Verser le sucre chaud dans le jus de groseilles. Bien mélanger jusqu'à ce que le sucre soit fondu. Passer le mélange au chinois.

Mettre en pots aussitôt et couvrir à froid.

Cette gelée à froid se conserve impérativement au réfrigérateur.

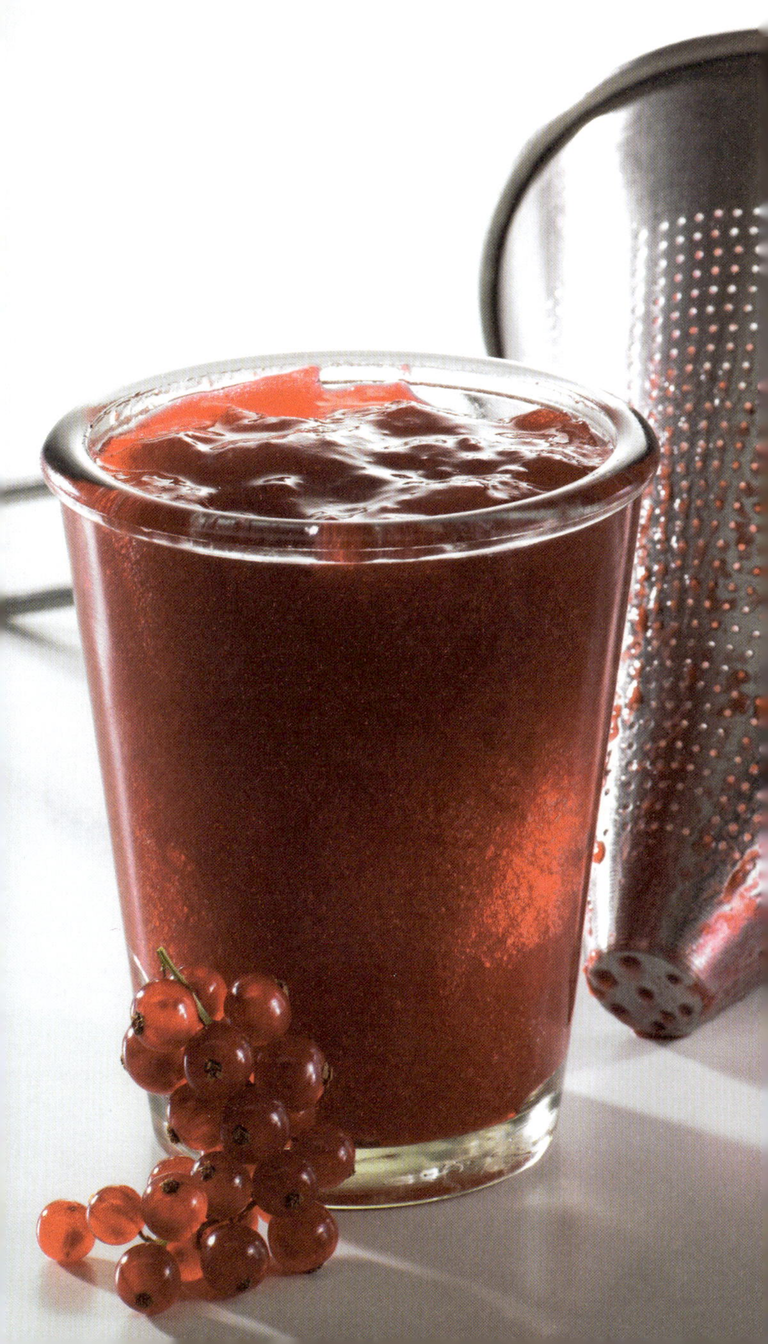

Gelée de groseilles et framboises

Ingrédients
pour 4 pots de 375 g
1,3 kg de groseilles
500 g de framboises
1,1 kg de sucre cristallisé
Le jus d'un citron
1 verre d'eau (20 cl)

Passer les groseilles sous l'eau fraîche, les égoutter, les sécher dans un torchon. Les égrapper.

Verser les groseilles dans un faitout. Couvrir. Faire éclater les grains à feu doux pendant 5 minutes, laisser refroidir. Ajouter les framboises, mélanger et passer le tout au moulin à légumes, grille fine, puis au chinois.

Dans la bassine à confiture, porter lentement l'eau et le sucre à ébullition (100 °C au thermomètre) en remuant avec la cuillère en bois. Ajouter le jus des fruits et le jus de citron. Maintenir la cuisson à frémissement 10 minutes à feu doux (90/95 °C au thermomètre) sans cesser de remuer.

Mettre en pots aussitôt et couvrir à froid.

P.S. : Penser à acheter un extracteur de jus pour se simplifier la tâche (voir p. 20).

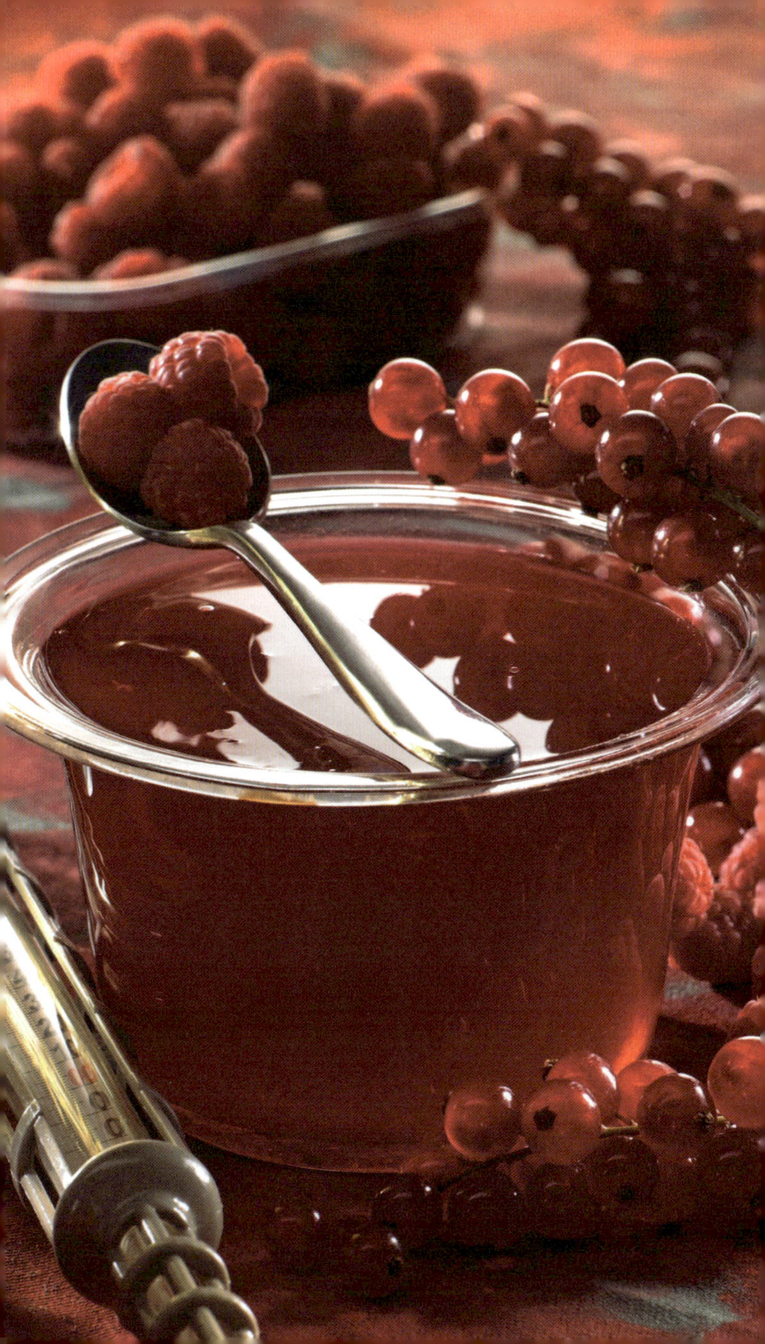

Le Kiwi

J'ai beaucoup attaqué le kiwi et je n'entamerai pas aujourd'hui son panégyrique. La «kiwiâtrie» a moins d'adeptes. Les consommateurs semblent avoir compris que les promoteurs de ce fruit brun et velu avaient poussé les arguments promotionnels et mercantiles un peu loin. Personne ne peut nier que la présence d'une enzyme, l'actinide, favorise la digestion, ni que sa teneur en vitamine C soit supérieure à celle de l'orange, mais de là à prétendre qu'elle attendrit les biftecks au point de transformer un morceau de vieille carne en une tranche de veau élevé sous la mère... Gardons juste mesure. Quand il était à la mode, on l'a trop vu avec du ris de veau, du bar, du turbot, de la lotte, en décoration sur une salade, paradant à tous les instants du repas, de l'entrée au dessert. On a même inventé un coquetier pour kiwi et affirmé que son usage quotidien pouvait préserver du cancer! Trop, c'est trop.

Découverte en Chine, la «groseille de Chine» fut rapportée en Europe par un jésuite français, le père Chéron d'Incarville, en 1747. Le nom de «kiwi» ne lui fut donné qu'aux environs de 1910 quand cette liane sarmenteuse fut transplantée en Nouvelle-Zélande, le kiwi étant le nom de l'oiseau emblème national. Depuis, des «cultivars» se sont répandus dans le monde entier. États-Unis, Italie, Australie, Chili, Japon : aucun pays ne fut épargné, pas même la France où le syndrome s'est développé dès 1970. La fièvre du kiwi s'abattait, on plantait des dizaines et des centaines d'hectares. On attendait la manne de la liane!

Quoi qu'il en soit, le kiwi, mélangé à du citron vert, de la rhubarbe, des mirabelles, des poires ou des groseilles, fait de belles et bonnes confitures. Il est simplement recommandé de l'ajouter à la dernière minute, après la première cuisson du fruit accompagnateur, et, préalablement, de le choisir souple sous la pression du doigt. Seulement souple, car trop mûr, il serait à la limite de la fermentation et perdrait de sa vertu.

Confiture de kiwis

Ingrédients
pour 4 pots de 375 g
2,250 kg de kiwis, soit 1,9 kg net de chair
1,5 kg de sucre cristallisé
1 citron
1/2 litre d'eau

Couper les kiwis en deux, prélever la chair par petits morceaux avec une cuillère à café.

Dans la bassine à confiture, porter l'eau et le sucre à ébullition. Maintenir la cuisson pendant 5 minutes (110 °C au thermomètre). Ajouter la chair des kiwis. Porter à ébullition, puis verser le contenu de la bassine à confiture dans un récipient. Ajouter le citron coupé en rondelles. Laisser refroidir. Couvrir et laisser macérer au réfrigérateur pendant 3 jours.

Égoutter les fruits au-dessus d'un saladier. Retirer et conserver les rondelles de citron. Passer la pulpe des kiwis au moulin à légumes, grille fine, ou au mixeur, pour en faire une purée.

Verser le sirop recueilli dans la bassine, le porter à ébullition 3 minutes en remuant avec la cuillère en bois. Ajouter la purée de kiwis et les rondelles de citron. Faire repartir l'ébullition et maintenir la cuisson 20 minutes en remuant fréquemment. Retirer les rondelles de citron.

Mettre en pots aussitôt et couvrir selon la méthode choisie.

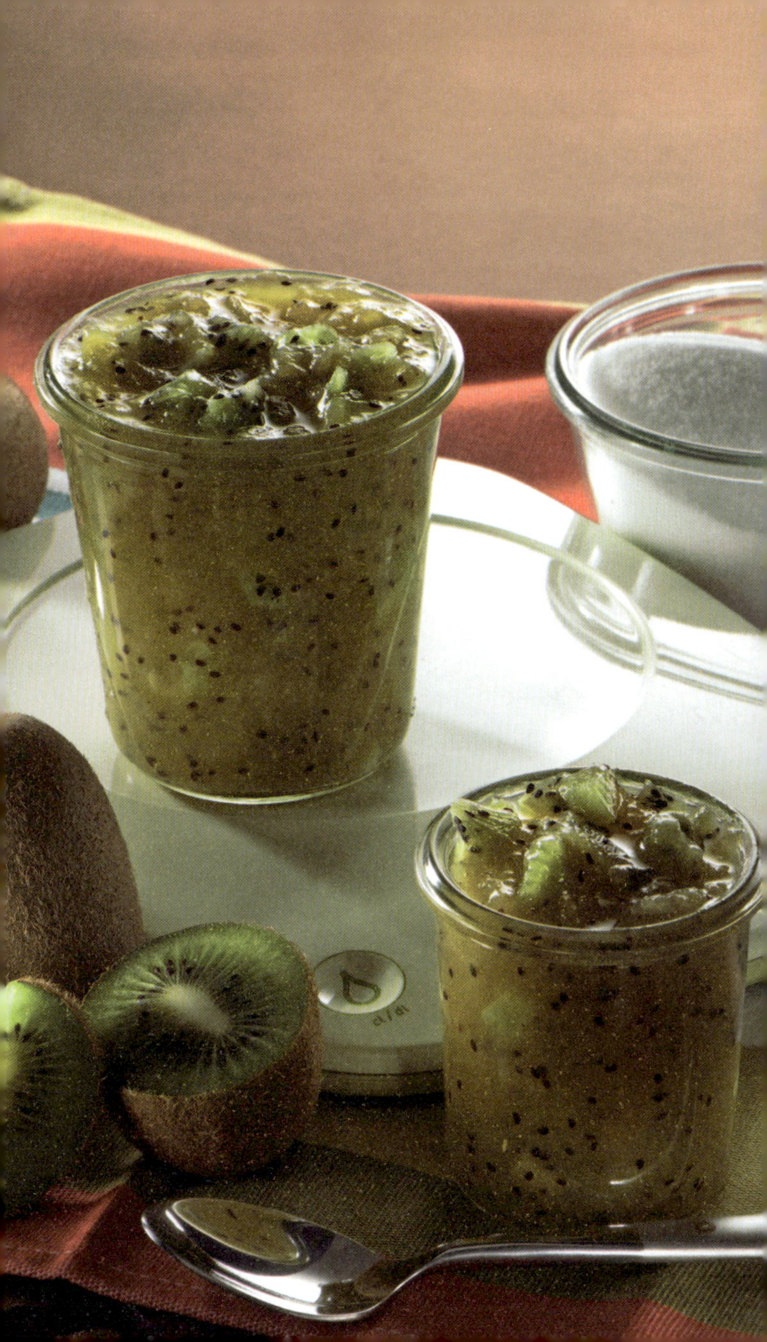

Le Kumquat

Le kumquat, dont le nom latin le plus souvent utilisé est *Fortunella*, est parfois appelé et étiqueté *Citrus*, ce qui n'est pas faux puisqu'il fait bien partie de la famille des agrumes comme tous les membres éminents qu'elle compte : l'oranger, le pamplemoussier, le citronnier, le mandarinier, le clémentinier, le limettier.

C'est un petit fruit exquis qui ressemble à une orange miniature un peu allongée, avec une écorce très mince. Sa particularité est qu'on le mange avec l'écorce qui, contrairement à la plupart des autres agrumes, est plus douce que la pulpe.

Nous devons l'introduction en Europe du kumquat au botaniste écossais Robert Fortune, qui le rapporta de son voyage en Chine en 1848 et lui donna son nom latin : *Fortunella*. Originaire de Chine centrale, il était cultivé en Extrême-Orient depuis des temps très anciens. On le connaissait en 1699 sous le nom de *camquit*. Au fil des siècles son nom s'est transformé pour devenir *kum kat* dès 1841.

Le kumquat se plaît en Provence et en Corse mais sa production dans ces régions est insuffisante, aussi l'importons-nous surtout d'Israël et des États-Unis où, curieusement, il se transforme souvent en arbre de Noël.

Selon que l'on préfère des confitures douces ou acidulées, on choisira l'une ou l'autre des variétés offertes par le marché : le Nagami *(Fortunella margarita)*, reconnaissable à sa forme oblongue et à son goût plutôt acide, ou le Marumi *(Fortunella japonica)*, rond et très doux.

Les ingénieurs agronomes israéliens ont mis au point le limequat *(Citrus aurantifolia x Fortunella sp.)*, hybride de la

Confiture de kumquats

Ingrédients
pour 4 pots de 375 g
1 kg de kumquats
1 kg de sucre cristallisé
1 gousse de vanille
3 verres d'eau (60 cl)

Laver les kumquats, les couper en deux, éliminer les petits pépins.

Mettre les kumquats dans la bassine à confiture, ajouter le sucre, l'eau et la gousse de vanille fendue en deux et bien grattée. Porter lentement à ébullition et maintenir la cuisson 50 minutes à feu doux, en remuant fréquemment avec la cuillère en bois. Retirer la gousse de vanille.

Mettre en pots aussitôt et couvrir selon la méthode choisie.

Cette confiture est de bonne compagnie avec un sorbet au chocolat amer ou une glace à la vanille.

lime et du kumquat. Le fruit est rond (trois à quatre centimètres de diamètre), le zeste vert, et la pulpe jaune et acidulée. Il est comestible cru ou confit.

Autre proche du kumquat, le calamondin *(Citrus madurensis)* produit des fleurs blanches, délicatement parfumées, et des petits fruits orange vif, très décoratifs. Ces fruits sont de la taille d'une petite mandarine et de saveur acide comme le citron. Crus, ils sont impropres à la consommation mais peuvent être utilisés confits.

Si vous achetez l'un de ces trois arbustes couverts de fruits, veillez à ne pas les manger, attendez plutôt la prochaine récolte, car à moins de vous fournir directement chez le producteur, vous ignorez quels traitements chimiques ils auraient pu subir.

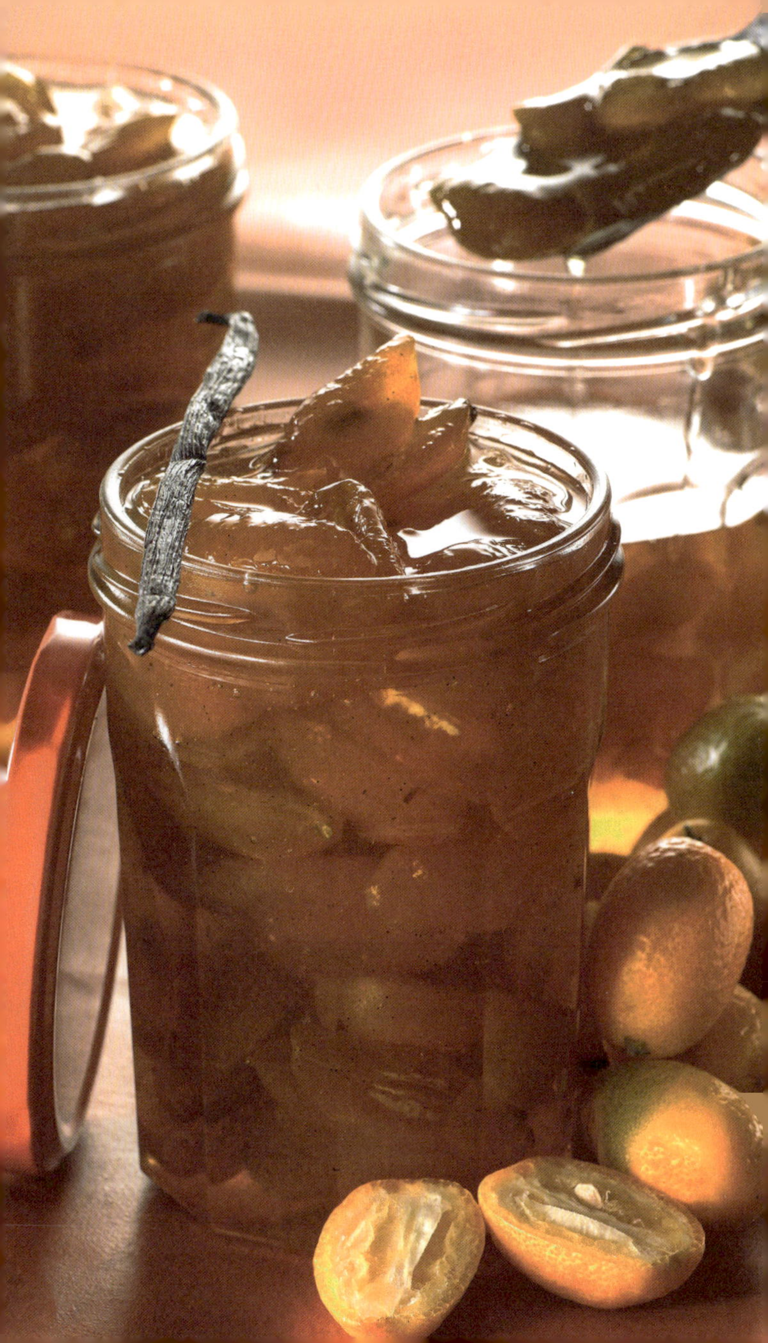

La Mangue

Le manguier est un arbre superbe pouvant atteindre trente à trente-cinq mètres de haut, au feuillage abondant, luxuriant et persistant, cultivé depuis six mille ans par les Indiens, les Birmans et même les Mongols. Sous cet arbre somptueux, Bouddha cherchait l'illumination. On raconte, qu'au XVIe siècle, Akbar (1542-1605), lointain descendant de Tamerlan et de Gengis Khan, qui parvint à établir l'empire dit «des Grands Moghols» sur toute l'Inde septentrionale et centrale, fit planter dans ses jardins plus de cent mille manguiers et que, trois siècles plus tard, certains d'entre eux étaient encore en pleine production.

Il existe plus de deux mille cinq cents espèces de mangues dans le monde, elles peuvent être de forme ronde ou ovoïde et de taille très variable puisque certaines ne pèsent que 50 grammes et d'autres 2,5 kilos. La chair est jaune ou orangée. La pulpe entoure un noyau généralement allongé ou gonflé et porteur de fibres.

On peut regretter que les mangues ne portent pas toutes la marque de leur pays d'origine car celles que nous trouvons le plus couramment sur les marchés proviennent de Floride ou des Antilles, alors que celles du Brésil et du Mexique sont particulièrement délicieuses.

On ignore généralement que la mangue est le cinquième fruit le plus cultivé dans le monde après les agrumes, le raisin, les bananes et les pommes, et le quatrième fruit tropical consommé en Europe après la banane, l'ananas et l'avocat.

Pour la faire cuire, on veillera à l'acheter à maturité, c'est-à-dire la partie rouge ou rosée – face exposée au soleil – souple, ferme, sans mollesse.

Confiture de mangues

Ingrédients
pour 4 pots de 375 g
2 kg de mangues, soit 1,3 kg net de chair
1,1 kg de sucre cristallisé
Le jus de 2 citrons
1/4 de litre d'eau
3 cuillères à soupe de liqueur de fruits de la passion
ou de liqueur de figues (facultatif)

Dénoyauter les mangues (couper le fruit en deux et faire pivoter les deux moitiés en sens inverse pour séparer facilement la chair du noyau).

Récupérer la chair avec une cuillère, la déposer dans la bassine à confiture. Ajouter le jus des deux citrons et l'écorce d'un des citrons coupée en quatre. Laisser cuire 20 minutes à petits bouillons en remuant fréquemment.

Dans une casserole, porter lentement l'eau et le sucre à ébullition. Laisser bouillotter 10 minutes (110 °C au thermomètre). Verser ce sirop sur les mangues dans la bassine et maintenir la cuisson pendant une petite heure.

Enlever l'écorce du citron. Ajouter la liqueur de fruits de la passion ou de figues. Mélanger.

Mettre en pots aussitôt et couvrir selon la méthode choisie.

On peut également garder cette préparation en l'état dans un compotier au réfrigérateur pendant une dizaine de jours, ou lui ajouter la chair d'un fruit de la passion. On la sert alors avec du fromage blanc, de préférence non lissé.

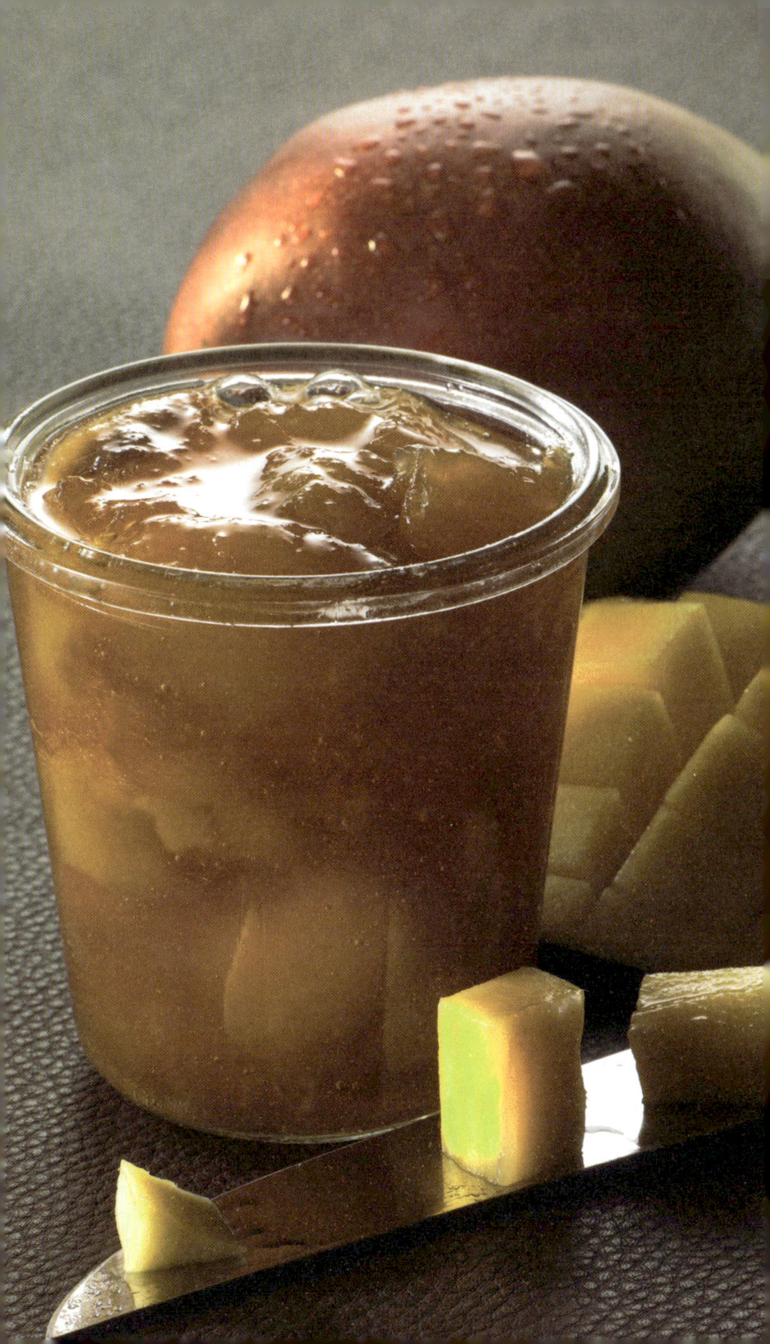

Le Melon

Le melon nous apporte la preuve que les grands de ce monde ne sont pas raisonnables et ne communiquent pas suffisamment. En 1495, Charles VIII part pour l'Italie, il veut récupérer le royaume de Naples sur lequel son père Louis XI avait des droits. Il échoue. Piteux, il rapporte dans ses bagages des melons et des artichauts. C'est peu quand on ambitionne la conquête d'un royaume. C'est surtout grave. Peut-on imaginer que le roi de France ignorait que les melons cultivés à Cantaluppo, résidence d'été des papes, près de Rome, fussent à l'origine de la mort de Paul II? On peut être pape et gourmand, il est mort d'indigestion. Avant cette indigestion mortelle et papale, Albert II, empereur d'Allemagne, était également mort de l'abus de cette cucurbitacée. Pour quelles fins funestes Charles VIII, malgré ces sinistres exemples, a-t-il introduit le melon en France?

Le melon a fait beaucoup de dégâts, un autre pape est tombé, Clément VII, en 1534. Pis, un autre empereur d'Allemagne, Frédéric III, quelque cinquante ans après Albert II, mais plus stupide encore, Maximilien Ier, le propre fils de Frédéric III est, lui aussi, mort pour avoir abusé de melons.

Quand je vous dis que les grands de ce monde ne sont pas raisonnables, reconnaissez que j'ai des arguments. Il y en a d'autres, la liste est longue.

Le melon est probablement le fruit le plus tripoté du marché. À la saison, on assiste devant et derrière les étals à des numéros de jonglerie des plus ridicules et surtout des plus inefficaces, pratiqués à la fois par les vendeurs et les consommateurs. On soupèse, tâte, renifle le cul, s'assure de la résistance de la queue, vérifie le sexe – mâle et femelle n'auraient, paraît-il, pas la même saveur. Foutaises que tout cela! Quand le melonnier avait un nom et qu'il en était fier – avant qu'il ne tombe dans l'anonymat coopératif –, ses melons étaient bons. Il savait que son melon était mûr au moment précis où s'opérait un léger changement de couleur. À ce moment la chair est ferme, croquante mais fondante. Le fruit est savoureux, plein d'arômes. Son jus est abondant, sucré, parfumé, légèrement musqué. La connaissance, la compétence n'ont rien à voir avec les numéros de troubadours bidon auxquels nous assistons.

La mort annoncée du bon melon a eu lieu avec l'apparition des expéditeurs. Quand la demande fait la loi et qu'on est protégé par l'anonymat, on oublie son expérience et on remplit le camion. Un bon melon s'attend : cueilli avant maturité, il ne s'améliorera pas. Tout espoir lié à la jonglerie tient de la loterie.

Confiture de melon et framboises

Ingrédients
pour 4 pots de 375 g
2 kg de melon, soit 1 kg net de chair
400 g de framboises surgelées
700 g de sucre cristallisé plus 2 cuillères à soupe
Le jus d'un citron

Retirer la peau et les pépins des melons. Couper la chair en petits cubes. Ajouter le sucre, le jus du citron, mélanger, réserver dans un saladier pour 2 heures au frais.

Dans la bassine à confiture, verser la préparation et porter lentement à ébullition. Au premier bouillon, verser le contenu de la bassine dans un récipient et maintenir au frais une nuit.

Le lendemain, verser à nouveau dans la bassine à confiture, porter à ébullition, ajouter les framboises (si possible surgelées – les pépins éclatent au froid négatif et libéreront la pectine), redonner un bouillon pour 5 minutes en remuant délicatement.

Mettre en pots aussitôt et couvrir selon la méthode choisie.

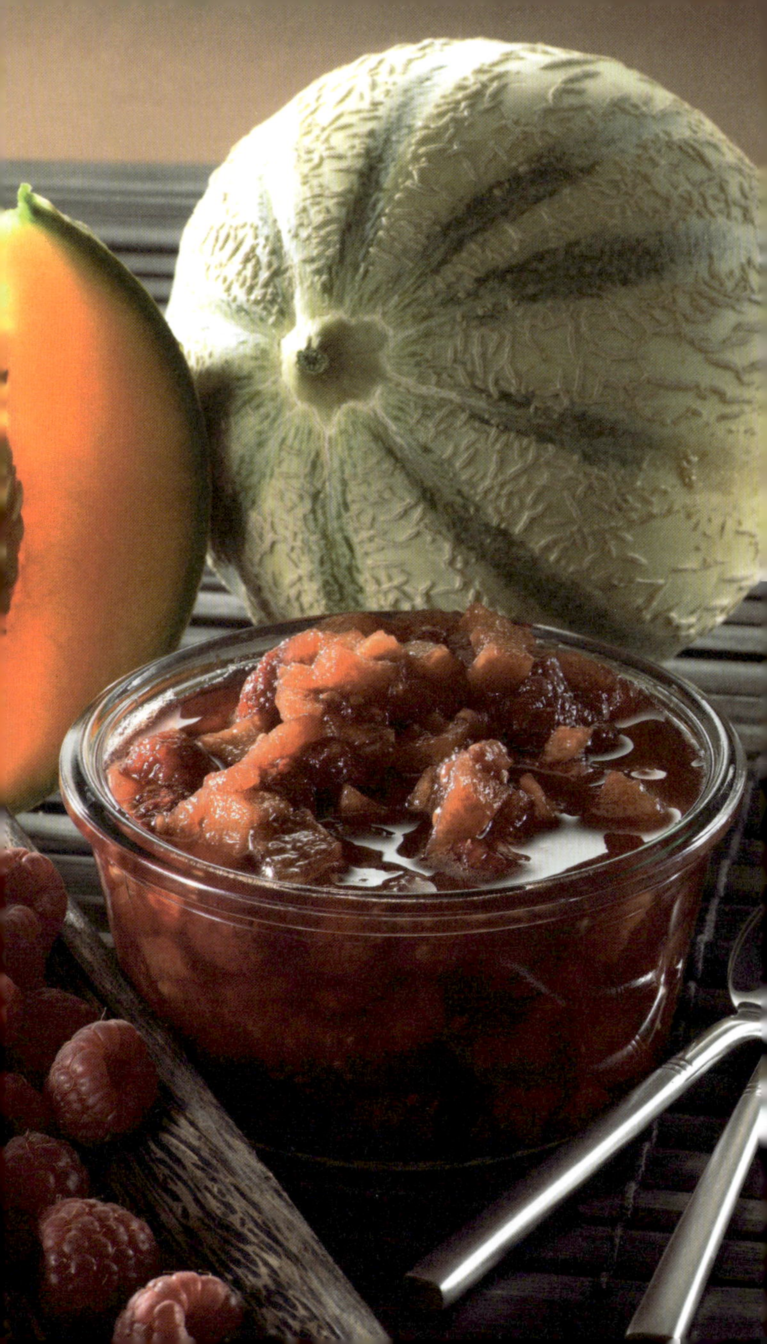

Confiture de melon aux graines d'anis

Ingrédients
pour 4 pots de 375 g
2,6 kg de melon, soit 1,3 kg net de chair
1 kg de sucre cristallisé
10 g de graines d'anis
1/2 citron

Choisir des melons mûrs à point et bien parfumés. Retirer la peau et les pépins. Couper la chair en petits morceaux. Les mélanger dans un saladier avec le sucre et les graines d'anis. Couvrir et laisser macérer au frais et dans l'obscurité pendant 24 heures, en remuant le mélange à deux reprises.

Égoutter les fruits dans une passoire au-dessus de la bassine à confiture. Porter lentement le sirop recueilli à ébullition, laisser bouillotter 5 minutes. Ajouter la chair des melons et le demi-citron coupé en quatre. Faire repartir l'ébullition et maintenir la cuisson à petits bouillons 45 minutes, en remuant fréquemment. Retirer les quartiers de citron.

Mettre en pots aussitôt et couvrir selon la méthode choisie.

On peut remplacer les graines d'anis par une gousse de vanille ou quelques branches de menthe fraîche.

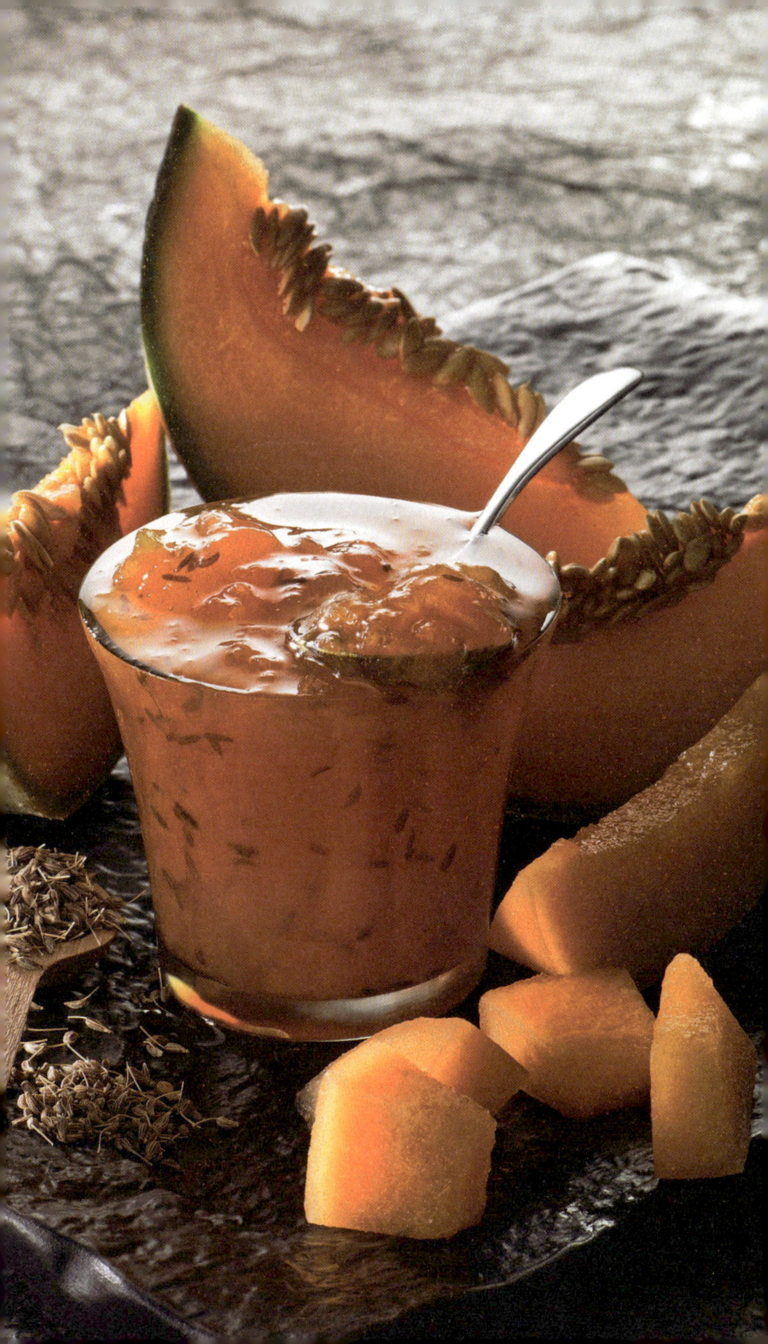

La Mirabelle

Depuis bien longtemps ma grand-mère nous a quittés. En partant, elle a oublié de nous laisser le secret de sa tarte aux mirabelles. Il y avait un secret, sûrement, puisque depuis je n'en ai jamais mangé d'aussi bonne. Pendant des années, entre le 15 août et le 10 septembre, cette tarte était notre dessert quotidien, midi et soir. Quand, le soir, on la voyait étaler la pâte sur la plus grande des tourtières, nous savions qu'avec un bol de café au lait nous aurions l'essentiel du dîner.

Par quels tours de main, de magie, réussissait-elle à obtenir une pâte sèche, croquante, friable, et des fruits fondants, moelleux, juteux ? Tous mes essais, que la pâte soit feuilletée, brisée ou sablée, sont d'effroyables échecs : la pâte est imbibée comme une vieille serpillière. Une catastrophe, je vous jure. Dès que la tarte sortait fumante du four, elle répandait sur les fruits de généreuses poignées de cassonade qui fondait pour ensuite craquer sous la dent.

La mirabelle, vous l'avez compris, est liée à mon enfance, à des moments précis de ma petite enfance. Tous les quatre-heures, toute l'année, étaient composés de grosses tartines de pain abondamment caressées de confiture de mirabelles. Je n'ai pas souvenir de goûters avec une autre gourmandise.

Tous les dimanches, après le déjeuner familial à la maison ou chez un de mes oncles, j'assistais à la sacro-sainte dégustation d'eau-de-vie de mirabelles que tout le monde appelait la «goutte». Quelquefois, j'avais droit à un sucre imbibé. Les hommes autour de la table avaient la certitude de me faire un grand plaisir alors que j'appréhendais le moment où il me faudrait mettre le sucre dans la bouche, faire bonne figure, réprimer les grimaces que m'inspirait ce goût violent et puissant de l'alcool. J'ai bien changé depuis.

Lors de ces déjeuners dominicaux, j'ai assisté à des discussions d'une incroyable virulence entre certains de mes oncles, les uns tenant la mirabelle de Nancy pour la meilleure sans conteste, les autres considérant que seule celle de Metz était digne du nom. On ergotait sur les formes, plus ronde l'une, plus allongée l'autre. On argumentait sur la couleur, jaune orangé, jaune-rouge. On se battait pour des écarts de poids, la Nancy plus petite, 12,3 grammes, alors que la Metz, la plus grosse, affichait une moyenne de 14,3 grammes. Presque cinquante ans plus tard, ce sont les tenants de la Nancy qui ont gagné puisque cette variété a été choisie pour replanter l'ensemble du verger lorrain.

On sait peu de chose sur ses origines. Impossible avec elle d'évoquer Christophe Colomb, Cortés, Bernard Diaz del Castillo ou autres conquérants. Aucune trace de la mirabelle chez les Grecs ou les Romains. Les Chinois sont muets. L'Inde, la Perse, les Amériques l'ignorent. On échafaude bien quelques hypothèses, on imagine, on invente. Ce que l'on sait avec certitude, c'est que son introduction en Lorraine remonte au XVe siècle. Le roi René, dit René le Bon, duc d'Anjou, après son mariage avec Isabelle de Lorraine, acclimata la mirabelle dans cette région et elle en a fait sa terre d'élection.

Confiture de mirabelles

Ingrédients
pour 4 pots de 375 g
1,1 kg de mirabelles
800 g de sucre cristallisé
Le jus d'un citron

Passer les mirabelles sous l'eau fraîche, les égoutter, les dénoyauter. Les mélanger avec le sucre dans un saladier. Couvrir et garder au frais pendant 24 heures en remuant plusieurs fois.

Égoutter les fruits dans une passoire au-dessus de la bassine à confiture pendant une quinzaine de minutes. Récupérer le sucre dans le fond du saladier. Porter lentement à ébullition le jus recueilli et le sucre récupéré, et compter 4 minutes de cuisson (102 °C au thermomètre), sans toucher à l'écume blanche qui se forme à la surface.

Ajouter les mirabelles. Faire repartir l'ébullition et laisser cuire 20 minutes à petits bouillottements, en écumant soigneusement après 15 minutes. Ajouter le jus de citron et maintenir la cuisson 20 minutes en remuant doucement. *Les mirabelles doivent être transparentes.*

Mettre en pots aussitôt et couvrir selon la méthode choisie.

Le temps de cuisson peut varier selon la qualité et la maturité des fruits.

Confiture de mirabelles entières

Ingrédients
pour 4 pots de 375 g
1,1 kg de mirabelles
1 kg de sucre cristallisé
Le jus d'un citron
1 verre d'eau (20 cl)

Passer les mirabelles sous l'eau fraîche, les égoutter. Les dénoyauter délicatement pour les garder entières *(utiliser le dénoyauteur ou un trombone)*.

Dans la bassine à confiture, porter lentement l'eau et le sucre à ébullition. Maintenir 4 minutes de petits bouillottements (102 °C au thermomètre). Ajouter les mirabelles et le jus de citron, mélanger avec la cuillère en bois. À la reprise de l'ébullition, enlever la bassine du feu et laisser reposer 10 minutes.

Remettre la bassine sur le feu et maintenir la cuisson 15 bonnes minutes à frémissement, en remuant doucement.

Laisser tiédir la confiture dans la bassine hors du feu pendant 10 minutes.

Mettre en pots et couvrir selon la méthode choisie.

Le temps de cuisson peut varier selon la qualité et la maturité des fruits.

La Mûre

À part la couleur, on peut dire sans se tromper que la mûre et la framboise ont un air de famille. La ressemblance pourrait s'arrêter là et les digressions s'y rapportant aussi. Ces deux fruits ont un autre point commun. L'origine de la couleur de la framboise est liée à une légende (voir p. 150) et, comme par hasard, celle de la mûre aussi. Puisque vous me le demandez, je veux bien vous la conter, mais attention, c'est pathétique.

L'histoire se passe à Babylone, bien avant le règne de Nabuchodonosor Ier. Dans une école mixte, préparatoire au certificat d'études, le jeune Pyrame plutôt que d'apprendre sa table de multiplication regarde, énamouré, la jolie Thisbé, pubère et sensible à son charme. Après les cours, il la raccompagne chez elle – c'est sur son chemin – et porte son cartable alors que son cœur bat la chamade. Vous l'avez compris, Pyrame en pince pour Thisbé.

Une fois par semaine, le mercredi soir – il n'y a pas école le jeudi – après le dîner, Pyrame fait semblant d'aller se coucher. En fait, il file en douce après avoir emprunté la mandoline de son papa pour pousser la romance sous les fenêtres de sa Thisbé. Ne sachant ni chanter ni jouer de la mandoline, les sons discordants dérangent les parents confortablement installés devant leur télévision. Le pot aux roses est découvert, la petite Thisbé est envoyée en pension loin de son Pyrame. Ils s'aiment et, par l'entremise de la bonne espagnole des parents du jeune homme, ils s'écrivent leur amour. Impatients, ils se donnent rendez-vous un soir, le jour de sortie de Thisbé, près du tombeau de Ninus. Drôle d'idée de faire l'amour pour la première fois dans un cimetière. Enfin! On a le sang chaud à Babylone.

Près du tombeau de Ninus pousse un mûrier – vous suivez bien l'histoire – chargé de fruits blancs comme neige. Thisbé arrive la première au rendez-vous, elle attend, fébrile et offerte, quand le rugissement d'un lion la fait sursauter. Non, c'est une lionne, mais elle rugit quand même. Elle tient dans sa gueule, bien qu'elle rugisse, un jeune veau qu'elle a arraché à une vache sacrée du cimetière de Babylone. Thisbé a peur – quoi de plus naturel? Elle prend ses jambes à son cou et, maladroitement, laisse tomber un voile de gaze qui protégeait sa gorge fragile. Les lionnes préfèrent les veaux aux jeunes filles, aussi celle-ci laisse-t-elle Thisbé fuir. Chacun part de son côté, la jeune Babylonienne en courant, la lionne en tirant son veau sanguinolent. Du sang de veau tombe sur l'écharpe : ressort dramatique pour la suite de l'histoire.

Arrive Pyrame dont l'Oméga était tombée en panne de pile. Ses yeux cherchant Thisbé tombent sur le voile taché alors que résonne le rugissement de la lionne au loin. Désespéré, ayant oublié le vieux dicton d'Ovide : « Une Thisbé de perdue, dix de retrouvées », il se transperce le cœur avec son épée. Pourquoi n'a-t-il pas pris la mandoline? Le sang jaillit et gicle sur les fruits du mûrier qui se teintent de la couleur du sang de ce pauvre Pyrame. Ce n'est pas fini.

Thisbé, jugeant la lionne éloignée, revient sur le lieu du rendez-vous et, sans réfléchir, se jette sur le dos de Pyrame, sans voir la partie de l'épée qui dépassait.

C'est ainsi, embrochés l'un à l'autre par une épée dérobée, que les deux amants furent découverts par la veuve de Ninus venue apporter des fleurs fraîches sur la tombe de son mari.

Comment ne pas croire aux légendes?

Confiture de mûres sauvages

Ingrédients
pour 4 pots de 375 g
1,5 kg de mûres sauvages, soit 1,350 kg net
1,3 kg de sucre cristallisé
Le jus d'un citron

Passer les mûres sous l'eau fraîche, les égoutter, enlever queues et feuilles.

Les déposer dans la bassine à confiture, ajouter le sucre et le jus de citron *(il empêche la cristallisation du sucre)*. Porter lentement à ébullition en remuant avec la cuillère en bois et laisser bouillotter 10 minutes. Écumer.

Passer les mûres au mixeur. Verser dans la bassine et laisser bouillotter encore 10 minutes en remuant doucement.

Mettre en pots aussitôt et couvrir selon la méthode choisie.

Cette confiture a une consistance épaisse et un goût rustique avec un léger grain.

Gelée de mûres

Ingrédients
pour 4 pots de 375 g
2 kg de mûres, soit 1,2 kg net de jus
1,2 kg de sucre cristallisé
1 verre d'eau (20 cl)

Passer les mûres sous l'eau fraîche, les égoutter, enlever queues et feuilles.

Broyer les baies au mixeur (ou à la centrifugeuse). Verser la pulpe sur un tamis fin ou dans un chinois. Presser légèrement avec le dos de la cuillère pour recueillir le maximum de jus ou utiliser un extracteur de jus (voir p. 20).

Dans la bassine à confiture, porter lentement l'eau et le sucre à ébullition, maintenir 2 minutes de bouillottements et ajouter le jus de mûres. À la reprise de l'ébullition, compter 20 minutes de cuisson. Écumer si nécessaire.

Mettre en pots aussitôt et couvrir à froid.

La Myrtille

Quand j'aperçois sur les marchés de grosses baies rouges, horriblement acides, préservées des mains gourmandes des enfants par un emballage en plastique et pancartées «myrtilles» ou «airelles des USA», je ne peux m'empêcher de me rappeler les énormes seaux de brimbelles que nous allions cueillir dans les Vosges. En Lorraine, on appelait la myrtille : brimbelle. Je ne l'ai jamais entendue définie autrement, quelquefois «groseille de cheval», mais rarement.

La cueillette des brimbelles se préparait comme une opération militaire outre-mer. Plainfaing est situé à 75 kilomètres de Lunéville. Le déplacement demandait alors des préparatifs, il était hors de question de partir sans avoir la certitude que les brimbelles seraient mûres. Aussi, dès le début du mois de juillet, la correspondance qu'échangeait ma grand-mère avec une sienne cousine des Vosges s'intensifiait. Les commentaires au reçu de ces lettres étaient laconiques : pas avant trois semaines, peut-être la semaine prochaine, nous partirons dimanche prochain. Commençaient alors les préparatifs. Ma grand-mère se dirigeait vers le clapier, choisissait un beau lapin qu'elle assommait d'un énergique coup de bâton derrière les oreilles, qu'elle saignait en lui arrachant l'œil, et qu'elle dépeçait avec une dextérité et une habileté qui faisaient mon admiration. Il me semble que les enfants sont devenus beaucoup plus sensibles. Il y a plus de cinquante ans, voir tuer un lapin nous paraissait une chose naturelle, même si nous l'avions nourri et lui avions donné un surnom. Aucune révolte en regardant opérer la grand-mère, plutôt de la ferveur, voire même de la joie à l'idée que ce lapin allait participer au festin rituel de cette journée sur les pentes du col du Bonhomme où nous allions, dans quelques jours, remplir des seaux de brimbelles destinées à des tartes succulentes et à des confitures qui égaieraient nos tartines pendant les mois d'hiver.

Après une journée et une nuit de rassissement, le lapin était découpé : le haut, destiné à intervenir dans le pâté lorrain, mariné au vin blanc et à l'échalote avec d'autres viandes blanches, veau et porc, la partie arrière devant être rôtie et mangée pendant le transport – car on mangeait dans le train –, à l'aller, à la pause de midi et au retour.

Le dimanche en question, on se levait très tôt pour être sur le quai une bonne demi-heure avant l'arrivée du train. Pas question de le rater, la brimbelle mûre à point n'attend pas. La famille était au complet : mes grands-parents, mes parents, un oncle et sa femme, une tante et son mari, et leurs enfants. Les hommes portaient les seaux, les femmes les tartes emballées dans de vastes torchons noués aux quatre coins qui serviraient à couvrir soigneusement les seaux remplis à ras bord. Dans le train, chaque famille avait ses victuailles, on mangeait des œufs durs que l'on n'écalait pas mais que l'on coupait en deux dans le sens de la longueur d'un coup sec de la lame d'un couteau. Le jeu consistait à retirer chaque moitié de l'œuf sans casser la coquille. Ce jeu ne prétendait à aucune récompense sinon la fierté d'avoir réussi. Nous connaissions par cœur le nom des petites villes ou des villages où le train s'arrêtait : Chenevières, Baccarat, Bertrichamps, Raon-l'Étape. Saint-Dié, tout le monde descend, changement de train pour Plainfaing et le Bonhomme. La cousine et ses enfants nous attendaient. Sans perdre de temps en effusions inutiles, nous montions par des petits chemins escarpés au milieu des sapins parfumés jusqu'à une clairière où nous allions déposer les victuailles, nous restaurer encore et commencer la cueillette. Pendant le casse-croûte, le grand-père, ancien militaire de carrière, donnait les ordres, répartissait les tâches, les carrés pour les uns et les autres.

Avant de remplir de brimbelles les seaux, les enfants en mangeaient à satiété et nous revenions pour le déjeuner, seaux vides, ventres pleins. Nos visages barbouillés trahissaient notre gourmandise : les mensonges étaient inutiles. Nous étions gentiment grondés, le grand-père balançait un couplet sur le devoir, une tante tentait une tirade sur la gravité du péché de gourmandise. Le mal était fait, on s'en moquait.

Après une courte sieste recommençait la cueillette, à la main bien sûr, nos grands-parents étaient contre le peigne : un travail de fainéant qui abîme le fruit. C'était sans appel.

Le soir venu nous rentrions fourbus, les banquettes en bois des compartiments de troisième classe nous paraissaient le plus confortable des couchages. Nous rêvions déjà aux vastes tartes, aux effluves de confiture et aux bassines à lécher.

Confiture de myrtilles (1)

Ingrédients
pour 4 pots de 375 g
1,1 kg de myrtilles
1,1 kg de sucre cristallisé
Le jus d'un citron
1 verre d'eau (20 cl)

Passer les myrtilles sous l'eau fraîche, les égoutter, les sécher dans un torchon.

Dans la bassine à confiture, porter lentement à ébullition l'eau et le sucre. Laisser bouillotter 4 minutes (110 °C au thermomètre). Ajouter les myrtilles, mélanger avec la cuillère en bois. Verser le contenu de la bassine dans un récipient, laisser refroidir. Couvrir et faire macérer 24 heures au frais.

Égoutter les myrtilles dans une passoire au-dessus de la bassine à confiture. Réserver les fruits.

Ajouter dans la bassine le jus de citron. Porter le sirop à ébullition, laisser bouillotter 4 minutes (100 °C au thermomètre). Ajouter les myrtilles et maintenir la cuisson pendant environ 10 minutes. *Pour vérifier la consistance de la confiture, utiliser le système de l'assiette mise au congélateur.*

Mettre en pots aussitôt et couvrir selon la méthode choisie.

* **Variante :** mélanger des groseilles ou des mûres aux myrtilles, à raison de 300 g pour 800 g de myrtilles. Ajouter en fin de cuisson 3 cuillerées à soupe d'amandes effilées et 1 cuillerée à café de noix de muscade râpée ou de gingembre en poudre.

Confiture de myrtilles (2)

Ingrédients
pour 4 pots de 375 g
1,1 kg de myrtilles
1,1 kg de sucre cristallisé
Le jus d'un citron

Passer les myrtilles sous l'eau fraîche, les égoutter, les sécher dans un torchon.

Verser les myrtilles dans la bassine à confiture, ajouter le sucre et le jus de citron. Porter lentement à ébullition en remuant avec la cuillère en bois. Laisser bouillotter 15 minutes environ. *La confiture doit être épaisse et bien napper la cuillère. Vérifier la consistance avec le système de l'assiette mise au congélateur.*

Mettre en pots aussitôt et couvrir selon la méthode choisie.

Cette confiture mélangée à des myrtilles crues peut servir à garnir une tarte.

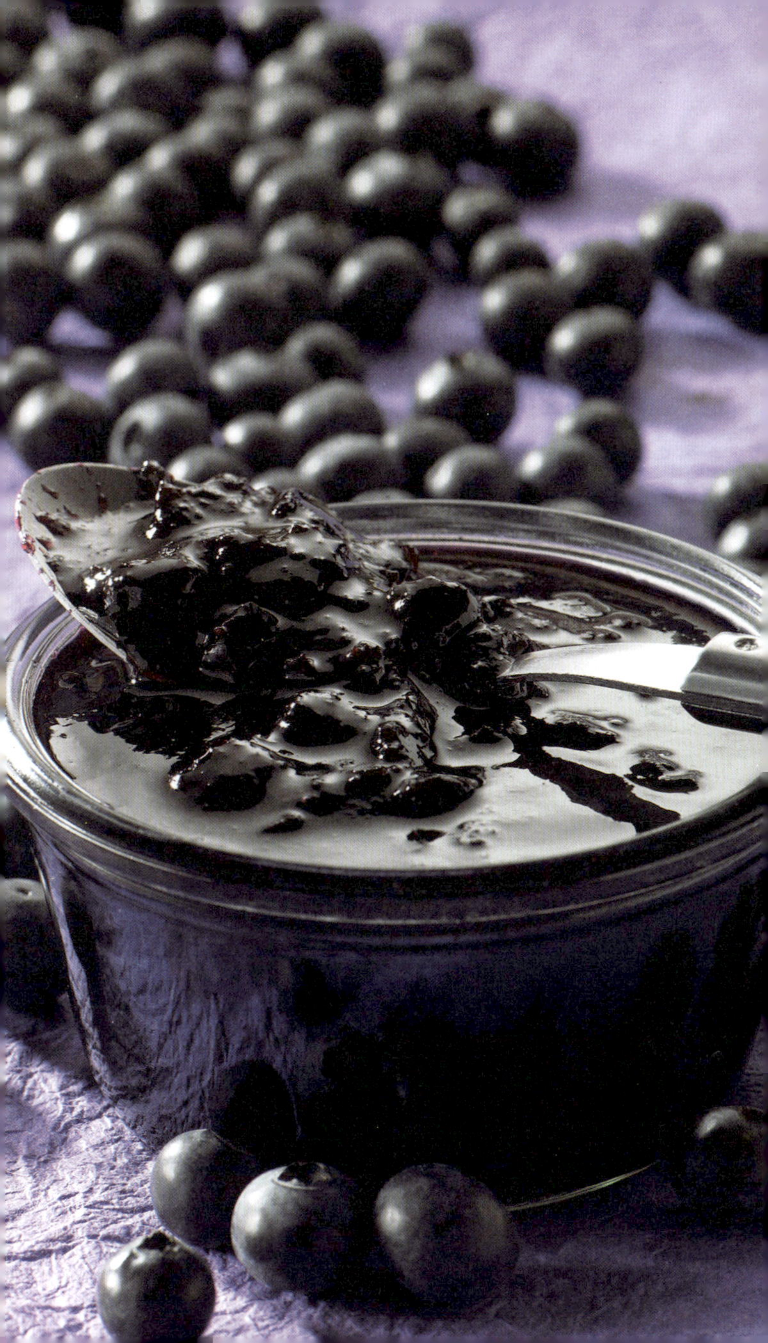

Gelée de myrtilles

Ingrédients
pour 4 pots de 375 g
1,1 kg de myrtilles
950 g de sucre cristallisé
Le jus d'un citron
1/2 verre d'eau (10 cl)

Passer les myrtilles sous l'eau fraîche, les égoutter, les sécher dans un torchon.

Dans un faitout, verser les myrtilles, ajouter le demi-verre d'eau. Couvrir et laisser éclater les grains à feu doux pendant 3 ou 4 minutes. Passer le tout au moulin à légumes, grille fine, à la centrifugeuse ou utiliser un extracteur de jus (voir p. 20).

Verser le jus obtenu dans la bassine, ajouter la moitié du sucre, porter à ébullition 1 minute, puis ajouter le reste du sucre et le jus de citron. Laisser cuire 10 minutes à petits bouillons, en remuant doucement avec la cuillère en bois. *La gelée doit napper la cuillère. Vérifier sa consistance avec le système de l'assiette mise au congélateur.*

Mettre en pots aussitôt et couvrir à froid.

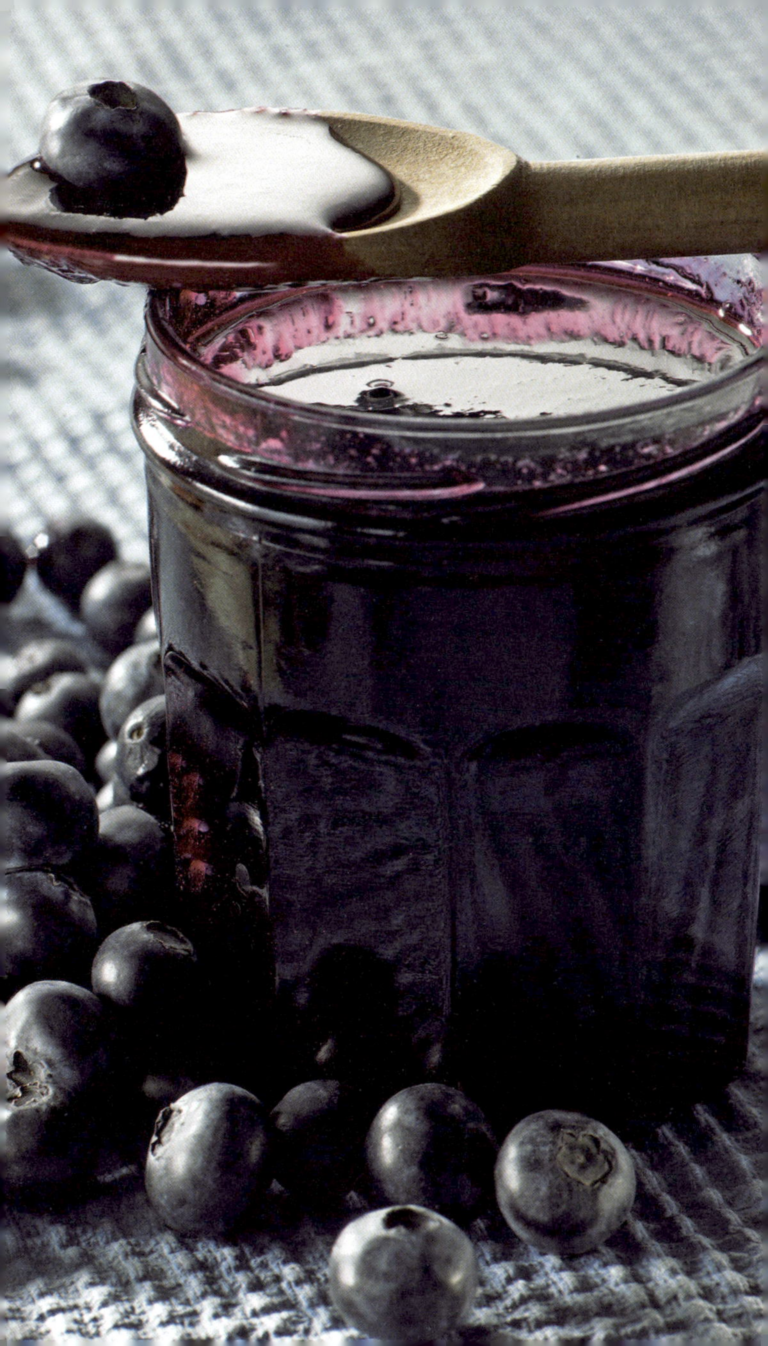

L'Orange

Les plus anciens s'en souviennent sûrement, mais les jeunes ne peuvent qu'ignorer combien l'orange était un fruit rare il y a moins de cinquante ans. Réservée aux gens aisés, sa consommation était un luxe. Petit, je n'en mangeais qu'une fois par an lorsque passait saint Nicolas accompagné de son inséparable Père Fouettard, le 6 décembre, jour de notre Noël à nous, petits Lorrains. Dans d'autres régions, c'est dans les sabots posés devant la cheminée que les jeunes enfants découvraient le plus luxueux des présents du Père Noël. Tout était émerveillement dans l'orange, sa couleur, son goût, son jus. Je me souviens très bien du soin méticuleux que nous prenions à l'éplucher. Le jeu consistait à conserver comme deux coupelles les deux moitiés de l'écorce de l'orange que nous posions sur le bord du fourneau de la cuisine pour qu'elles sèchent et durcissent, en répandant un exquis parfum. En souvenir, je continue de poser l'écorce des oranges sur le radiateur pour me remémorer l'heureuse époque où rien n'était facile et où tout se méritait. On imagine mal, aujourd'hui, offrir une orange à un enfant pour tout cadeau de Noël.

Elle est le troisième fruit le plus consommé en France en 2006, derrière la pomme et la banane.

Les oranges sont douces ou amères. Depuis toujours. Amères, on les appelle aussi bigarades. Elles furent les premières à parvenir en Europe. Originaires de Chine, elles suivirent la route des caravanes jusqu'en Égypte. Les croisés la rapportèrent en France après leur épopée en Terre sainte. Acclimaté autour de la Méditerranée, le bigaradier donne des fleurs blanches que l'on distille pour obtenir une huile essentielle au parfum légèrement amer, très subtil, le néroli, ainsi nommé au XVIIIe siècle en hommage à la princesse Nérola, née Anne-Marie de La Trémoille, qui répandit la mode de ce parfum ; et des fruits très appréciés dès le Moyen Âge pour l'odeur poivrée de leur écorce, qui interviennent dans des préparations médicinales et dans la cuisine.

En 1450, apparut l'orange douce, venue également de Chine. Elle supplanta la bigarade par la qualité de ses fruits. Dès son arrivée en Europe, elle partit à la conquête de l'autre partie du monde. Christophe Colomb en planta en Haïti, le 22 novembre 1493, Miguel Díaz plus tard, à Saint-Domingue. Des Antilles, les oranges filèrent vers la Floride où elles prospèrent dès 1579 avant de s'implanter en Californie. Alors que personne ne pouvait songer que les oranges puissent avoir une autre terre d'origine que l'Extrême-Orient, on découvrit miraculeusement à Bahia la perfection faite orange : la navel. Elle n'a aucun lien de parenté avec aucune autre variété, sa peau est rouge et rugueuse, sa chair sucrée, juteuse, charnue et douce. Elle s'installe sur les marchés à la fin du mois d'octobre et ne les quitte qu'en mai.

La saison des confitures d'oranges amères est limitée. Attention ! Il est bon de signaler à son marchand de fruits et légumes ses intentions, la saison se déroule sur trois semaines, généralement à cheval sur fin janvier et début février.

Confiture d'oranges (1)

Ingrédients
pour 4 pots de 375 g
1,8 kg d'oranges (12 oranges)
Sucre cristallisé à peser (environ 1,5 kg)
2 litres d'eau

Laver les oranges, couper chaque extrémité. Couper les fruits en tranches très fines. Récupérer les pépins, les enfermer dans un nouet.

Placer les rondelles d'oranges dans un grand récipient. Ajouter 2 litres d'eau et le nouet de pépins, couvrir et mettre au réfrigérateur pour 24 heures.

Verser la préparation dans la bassine à confiture, nouet compris. Porter à ébullition et maintenir la cuisson pendant 50 minutes (1 heure maximum).

Égoutter les fruits dans une passoire en réservant l'eau de cuisson. Peser les fruits et le même poids d'eau de cuisson. Laisser refroidir. Ajouter le nouet, couvrir et mettre à nouveau au réfrigérateur pour 24 heures.

Peser ce mélange oranges/eau et le même poids de sucre. Verser le tout dans la bassine à confiture avec le nouet. Porter à ébullition et laisser cuire 15 minutes à petits bouillons (105 °C au thermomètre), en remuant fréquemment. Retirer le nouet de pépins.

Mettre en pots et couvrir selon la méthode choisie.

La confiture, de couleur claire, a belle apparence avec ses rondelles transparentes. Sa saveur est sans amertume, les enfants l'aiment bien. La recette convient également aux oranges sanguines, pomélos (pamplemousses) roses ou blancs, citrons et clémentines.

Confiture d'oranges (2)

Ingrédients
pour 4 pots de 375 g
1,8 kg d'oranges (12 oranges)
750 g de sucre cristallisé
750 g de sucre roux
2 litres d'eau

Laver les oranges, couper chaque extrémité. Couper les fruits en tranches très fines. Récupérer les pépins, les enfermer dans un nouet. Mettre les tranches d'oranges dans un grand récipient. Ajouter 2 litres d'eau et le nouet de pépins. Couvrir et mettre au réfrigérateur pour 24 heures.

Verser la préparation dans la bassine à confiture, nouet compris. Porter à ébullition et maintenir la cuisson pendant 50 minutes (1 heure maximum). Égoutter les fruits dans une passoire en réservant l'eau de cuisson.

Peser les fruits et le même poids d'eau de cuisson. Verser le tout dans le récipient. Laisser refroidir. Ajouter le nouet, couvrir et mettre à nouveau au réfrigérateur pour 24 heures.

Sortir les tranches d'oranges avec l'écumoire, les broyer grossièrement avec le sucre roux dans le bol du robot.

Verser les oranges broyées et le jus de macération, nouet compris, dans la bassine à confiture. Ajouter le sucre cristallisé. Porter à ébullition et laisser bouillotter 18 minutes (103 °C au thermomètre). Retirer le nouet.

Mettre en pots aussitôt et couvrir selon la méthode choisie.

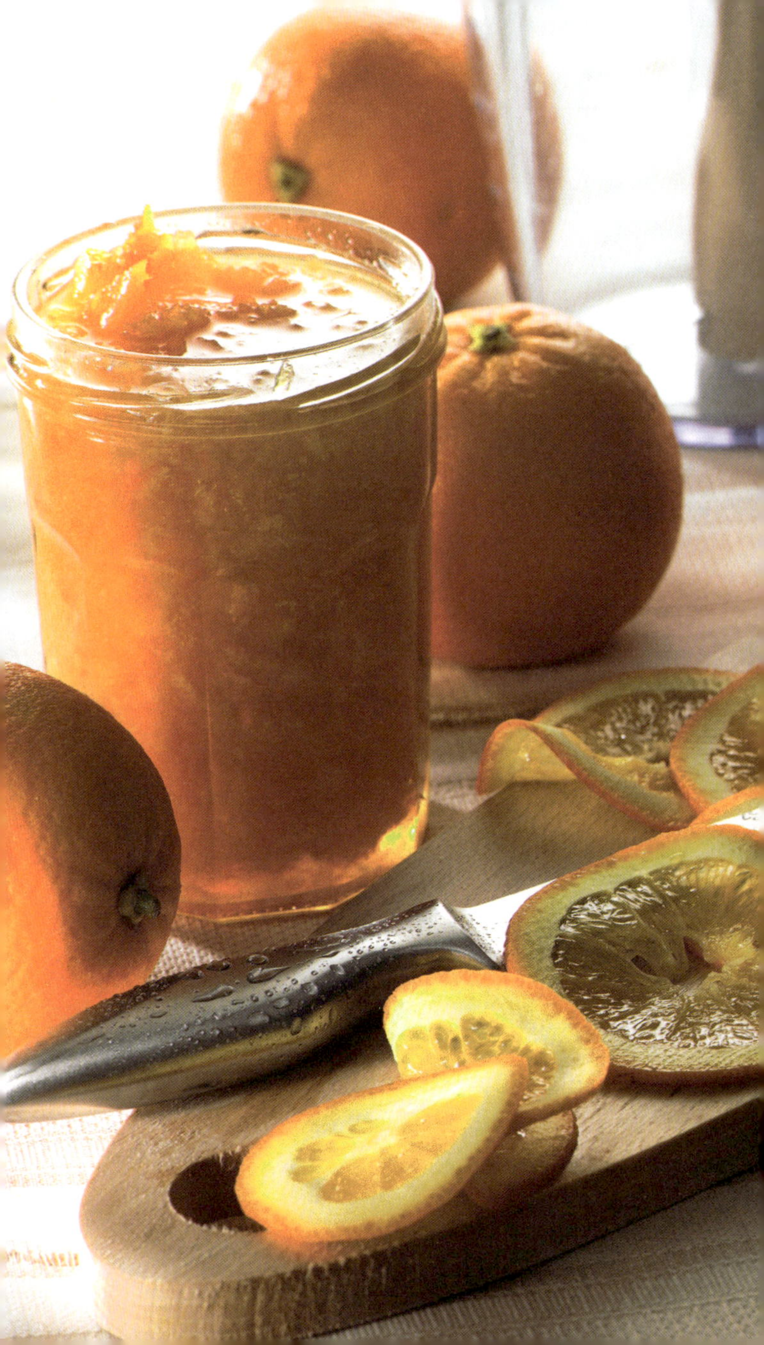

Confiture d'oranges amères

Ingrédients
pour 4 pots de 375 g
1,4 kg d'oranges amères non traitées (8 ou 9 oranges)
1,1 kg de sucre cristallisé
Le jus d'un citron
1 litre, plus 30 cl d'eau pour le sirop

Laver les oranges. Les piquer avec une aiguille à tricoter (une dizaine de trous sur chacune).

Mettre les oranges dans un grand récipient, les couvrir d'eau froide. Poser une assiette retournée pour les maintenir complètement immergées. Garder au frais 48 heures, en changeant l'eau toutes les 12 heures.

Couper et jeter les extrémités de chaque fruit. Couper les oranges en tranches fines. Récupérer les pépins, les enfermer dans un nouet de gaze.

Dans la bassine à confiture, placer les tranches d'oranges, ajouter 1 litre d'eau et le nouet de pépins. Porter à ébullition et laisser cuire environ 1 heure à frémissement – *la peau des oranges doit être tendre.*

Égoutter les oranges, les réserver dans un récipient, les couvrir d'une assiette pour qu'elles restent chaudes.

Dans la bassine à confiture, porter lentement 30 cl d'eau et le sucre à ébullition. Maintenir 4 minutes de petits bouillons (110 °C au thermomètre). Ajouter les oranges et le jus de citron, mélanger avec la cuillère en bois. À la reprise de l'ébullition, mettre la bassine hors du feu et laisser reposer 10 minutes.

Remettre la bassine sur le feu et laisser bouillotter 15 bonnes minutes (105°C au thermomètre). *La confiture doit napper la cuillère.* Retirer le nouet de pépins.

Mettre en pots aussitôt et couvrir selon la méthode choisie.

La Pastèque

La pastèque est originaire de la haute vallée du Nil. Elle fait partie de la famille des cucurbitacées comme le melon, elle est même souvent considérée comme son parent pauvre. Les Romains la connaissaient sous le nom de «courge bleue», et si Pline lui trouvait des qualités rafraîchissantes, il ne manquait pas de la comparer au concombre : «Ces concombres qu'on appelle pastèques.» Les croisés rapportèrent ce «melon de Palestine» dans leurs bagages et, dès lors, la pastèque fit partie de la pharmacopée médiévale et fut chargée de calmer les fièvres, les échauffements de l'estomac, et de dégager les intestins constipés. La pastèque a même son martyr, le pape Clément XIV (décidément les papes n'ont pas de chance avec les cucurbitacées, voir le chapitre «Melon») qui mourut, en 1774, empoisonné à l'aide de pastèques ou pour en avoir trop mangé, l'Histoire n'est pas très précise à ce sujet.

La pastèque a ses adorateurs, ils aiment son écorce d'un beau vert profond, quelquefois veiné, sa chair rouge à graines noires ou blanche à graines rouges, selon les variétés. Son goût aqueux les rafraîchit et le peu de sucre qu'elle contient les rassure. D'autres la détestent pour à peu près les mêmes raisons : l'aquosité de sa texture, son manque de sucre et ses vertus laxatives (en Grèce, pour éviter ce qui peut être un inconvénient, on la mange avec des biscuits secs ou du pain grillé).

Il est une variété de pastèque –*Citrullus lanatus*– qui pourrait réconcilier les antagonistes : le citre, appelé aussi gigérine ou méréville, variété ovoïde à écorce vert pâle et à chair très ferme, vert pâle tirant sur le blanc beurre, parsemée de graines rouge-brun, ferme au point qu'elle est incomestible. Mais en confiture, elle est exquise. Le fruit prend de la transparence tout en restant entier à la cuisson. Il se marie délicieusement avec le citron, vert ou jaune, et l'orange. Le citre se trouve en abondance dans le midi de la France, sa rusticité s'accommode de terrains peu arrosés et de conditions climatiques difficiles. La confiture de citre ou *counfituro de meraviho*, ou confiture de méréville («merveille» en provençal), est une tradition en Provence, elle intervient dans les desserts de Noël. On a aussi beaucoup confit ce citre, en tranches ou en morceaux, dans la galette des Rois provençale, et avant que les fabricants de calissons ne se décident à utiliser le melon charentais, il était partie intégrante de cette confiserie aixoise.

Confiture de pastèques

Ingrédients
pour 4 pots de 375 g

2,6 kg de pastèques, soit environ 1,5 kg net de chair
Sucre cristallisé à peser
2 oranges
2 citrons
1 gousse de vanille
2 cuillères à soupe de vinaigre blanc
3 cuillères à soupe de rhum

Choisir de préférence des pastèques vertes. Retirer l'écorce et débarrasser le cœur du fruit de ses graines. Couper la chair en gros dés. Peler à vif les oranges et les citrons, les couper en morceaux, éliminer les pépins.

Mettre les fruits dans la bassine à confiture, ajouter la gousse de vanille fendue et bien grattée. Laisser cuire à feu doux jusqu'à évaporation complète du jus. Peser les fruits. Préparer 400 g de sucre par livre de fruits, soit 80 % du poids de fruits.

Remettre les fruits dans la bassine, ajouter le sucre. Remuer avec la cuillère en bois et maintenir la cuisson à feu doux environ 20 minutes. Retirer la gousse de vanille. Ajouter le vinaigre et le rhum, mélanger.

Mettre en pots aussitôt et couvrir selon la méthode choisie.

Confiture de citre

Ingrédients
pour 4 pots de 375 g
1,8 kg de citre
Sucre cristallisé (poids égal à celui
du fruit pelé et égrainé)
Le jus de 2 citrons
2 citrons coupés en rondelles

Retirer l'écorce et débarrasser le cœur du fruit de ses graines. Découper en lanières ou en morceaux. Peser la chair. Préparer le poids égal en sucre cristallisé.

Dans un saladier, mélanger la chair du citre et le sucre, couvrir et laisser macérer au frais pendant 24 ou 36 heures en remuant plusieurs fois la préparation.

Verser le contenu du saladier dans la bassine à confiture. Porter lentement à ébullition en remuant de temps en temps. *Vérifier la consistance de la confiture avec le système de l'assiette mise au réfrigérateur.* Ajouter le jus de citron et les 2 citrons coupés en très fines rondelles, mélanger et donner un bouillon.

Mettre en pots aussitôt et couvrir selon la méthode choisie.

La Pêche
la Nectarine
le Brugnon

La pêche est née en Chine, il y a plus de deux millénaires, dans la province du Yunnan. Elle y était l'objet d'un véritable culte : poètes, peintres et sculpteurs en firent le symbole de l'immortalité.

L'acception du pays d'origine de la pêche est assez récente : pendant longtemps on affirma qu'elle était originaire de Perse où on l'a, il est vrai, beaucoup cultivée. La dénomination latine du pêcher, *Prunus persica*, sans doute...

De son introduction en Italie sous le règne d'Auguste jusqu'à Louis XIV, on trouve trace de la pêche tout au long de l'Histoire mais sans qu'elle ne déclenche ni le goût ni l'envie. Arrive La Quintinie, l'admirable jardinier de Louis XIV, il se passionne pour la pêche – pour quels légumes et quels fruits ne se passionne-t-il pas ? On en dénombre trente-trois variétés à Versailles, souvent cultivées en espalier. La Belle de Vitry, la Belle de Chevreuse et le Téton de Vénus sont les variétés que dégustait Louis XIV, aujourd'hui introuvables.

Dans son inventaire des vergers, l'Alfcofel a enregistré quatre cent soixante et onze variétés différentes. Pourtant qui connaît l'Alexandra, la Redwing, la Fantasia, la Snow Queen et la Springlady, variétés les plus consommées en France ?

On peut classer les pêches en deux grandes catégories : celles à peau duveteuse et celles à peau lisse. Les pêches à peau duveteuse sont destinées à la table, elles ont la chair jaune ou blanche, un noyau libre ou semi-libre ; sous la même peau duveteuse, elles peuvent être destinées à l'industrie, leur noyau est adhérent et leur nom devient pavie.

Quand elles ont la peau lisse, elles peuvent être nectarines, leur noyau est libre et leur chair blanche ou jaune ; ou brugnons et leur noyau adhère à la chair rouge ou jaune.

Dans l'ensemble de la production française de pêches, brugnons et nectarines, les pêches représentent environ 50 pour cent, dont 57 pour cent à chair jaune. Les nectarines et les brugnons couvrent 40 pour cent du verger français de pêchers.

La couleur n'est pas un bon critère de choix, il existe aujourd'hui des variétés dont la peau se colore en rouge avant la maturité du fruit. Les pêches, quelle que soit leur variété, doivent être choisies mûres et parfumées, c'est-à-dire cueillies à maturité. Cueillie avant maturité physiologique, avant que la transformation de l'amidon en sucre ne soit enclenchée, une pêche ne mûrira jamais. La pêche est naturellement parfumée, avec un parfum marqué. Elle doit céder à la légère et douce pression du doigt.

C'est sûrement en dessert que les pêches offrent la plus grande multiplicité de ressources : en compote, en salade, au vin. Tout semble leur convenir quand elles sont mûres, elles s'accommodent des épices les plus variées – cannelle, girofle, noix de muscade, gingembre, poivre – dès l'instant où celles-ci sont utilisées avec mesure et parcimonie.

N'oublions pas que le jus de pêche avec du champagne constitue le plus élégant des apéritifs vénitiens : le Bellini.

Ayons une pensée émue pour la célèbre cantatrice australienne Nelly Melba pour laquelle le grand cuisinier Jules Escoffier réalisa en 1895 un dessert de réputation mondiale. La recette est d'une simplicité biblique : « Pêche tendre et mûre à point, fine glace à la vanille et purée de framboises fraîches. » Un jour Escoffier a vu sa recette recouverte d'un monceau de crème chantilly, il entra dans une colère dont on parle encore dans les cuisines.

Confiture de fruits à noyaux
(pêches jaunes, brugnons, abricots, reines-claudes, prunes violettes)

Ingrédients
pour 4 pots de 375 g
200 g net de chair de chaque fruit pelé et dénoyauté
650 g de sucre cristallisé
Le jus d'un citron
1 verre d'eau (20 cl)

Plonger les pêches et les prunes violettes pendant 1 minute dans une casserole d'eau bouillante, les rafraîchir dans un bain d'eau froide. Les peler, les dénoyauter, les couper en morceaux.

Laver les brugnons, les reines-claudes et les abricots, les dénoyauter, les couper en morceaux.

Mélanger tous les fruits dans un saladier.

Dans la bassine à confiture, porter lentement le sucre et l'eau à ébullition, maintenir 3 minutes de cuisson (100/102 °C au thermomètre). Ajouter les fruits et faire reprendre un bon bouillon. Sortir les fruits avec l'écumoire, les égoutter dans une passoire au-dessus d'un saladier.

Faire réduire le sirop pendant 7 minutes (108 °C au thermomètre). Ajouter les fruits, le sirop qu'ils auront rendu et le jus de citron. À la reprise de l'ébullition, compter 35 minutes de cuisson en remuant fréquemment sans écraser les fruits.

Laisser refroidir la confiture dans la bassine pendant 30 minutes avant de mettre en pots pour éviter que les fruits ne remontent à la surface.

Couvrir selon la méthode choisie.

Confiture de pêches jaunes aux noisettes et au gingembre confit

Ingrédients
pour 4 pots de 375 g
8 belles pêches jaunes (1,250 kg, soit 1 kg net de chair)
1 kg de sucre cristallisé
1 verre d'eau (20 cl)
Le jus d'un citron
15 g de feuilles de menthe fraîche
20 noisettes fraîches

Pour le gingembre confit :
50 g net de gingembre frais épluché
70 g de sucre
70 g d'eau

Préparer à l'avance le gingembre confit. Éplucher le gingembre frais, le couper en tout petits dés ou le passer au mixeur. Le déposer dans une petite casserole avec l'eau et le sucre, et laisser confire doucement à petit feu pendant 30 minutes *(on peut également acheter du gingembre confit dans les confiseries ou magasins spécialisés).*

Plonger les pêches 1 minute dans une casserole d'eau bouillante, les rafraîchir dans un bain d'eau froide. Peler, dénoyauter, couper la chair en gros dés. Arroser de jus de citron et réserver.

Dans la bassine à confiture, porter lentement l'eau et le sucre à ébullition, laisser cuire 5 minutes (102 °C au thermomètre).

Ajouter les pêches et les feuilles de menthe enfermées dans un nouet de gaze, et maintenir la cuisson 18 minutes à feu doux. Sortir les pêches à l'aide de l'écumoire. Égoutter dans une passoire au-dessus d'un saladier.

Faire réduire le sirop pendant 10 minutes. Ajouter les pêches, le jus qu'elles auront rendu, les noisettes *(s'il s'agit de noisettes fraîches, il est bon de les casser à l'avance et de retirer la peau brune qui les recouvre)* et le gingembre confit. Maintenir la cuisson 5 minutes. Retirer le nouet.

Mettre en pots aussitôt et couvrir selon la méthode choisie.

Confiture de brugnons et de framboises au citron

Ingrédients
pour 4 pots de 375 g
400 g de brugnons dénoyautés
400 g de framboises
700 g de sucre cristallisé
1 petit citron
1 petit verre d'eau (15 cl)
1/2 cuillère à café de noix de muscade râpée
1/2 cuillère à café de quatre-épices

Laver les brugnons, les dénoyauter, les couper en gros morceaux. Les mélanger dans un saladier avec les framboises.

Laver le citron, le couper en deux, l'émincer finement. Retirer les pépins, les enfermer dans un nouet. Répartir les lamelles de citron sur une assiette avec le nouet de pépins, puis mettre au congélateur.

Dans la bassine à confiture, porter lentement l'eau et le sucre à ébullition pour 1 minute, ajouter les brugnons, les framboises, le citron congelé, le nouet et les épices. À la reprise de l'ébullition, maintenir 15 minutes à petits bouillons, en remuant fréquemment.

Avec l'écumoire, sortir les fruits de la bassine. Égoutter dans une passoire au-dessus d'un saladier. Reverser le jus dans la bassine et laisser réduire pendant 5 bonnes minutes. Ajouter les fruits et le jus qu'ils auront rendu. Remuer doucement pendant 3 minutes et retirer le nouet.

Mettre en pots aussitôt. Couvrir selon la méthode choisie.

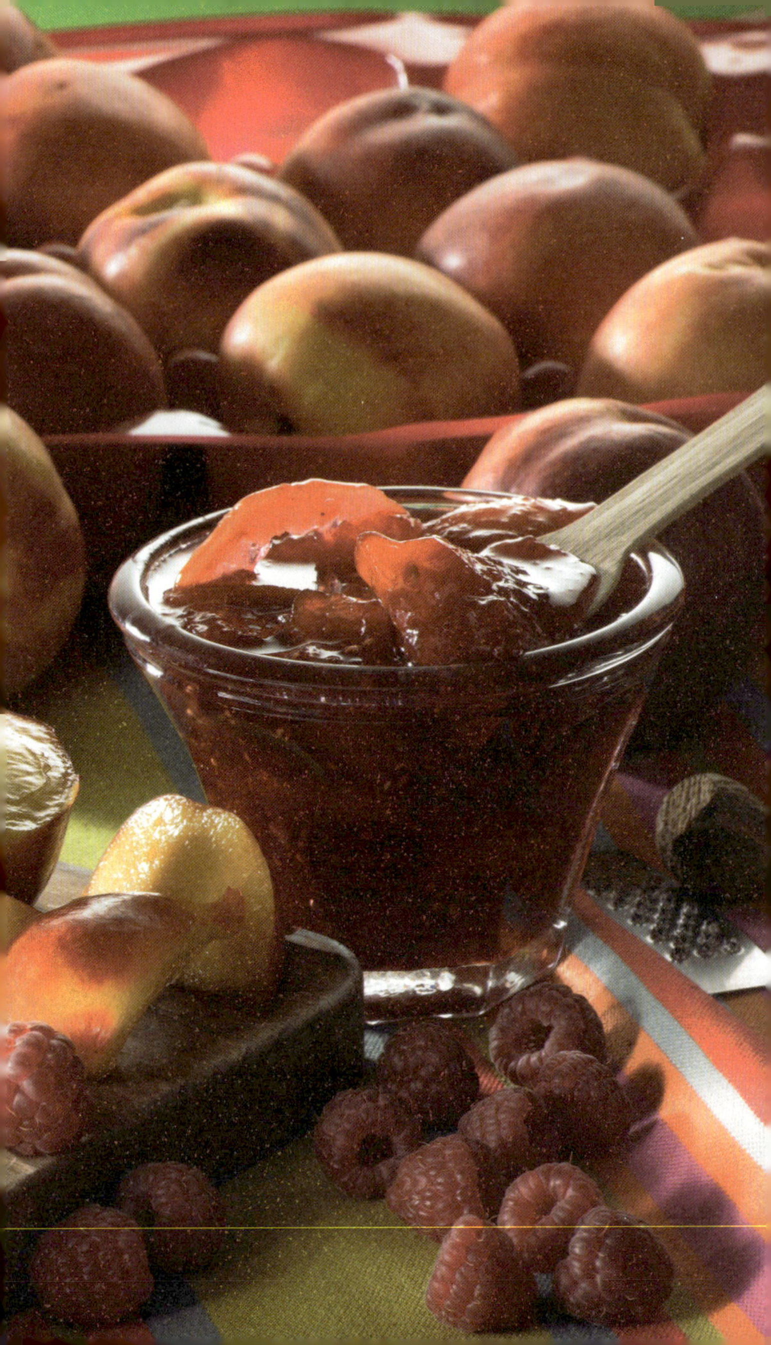

La Poire

Les archéologues ont exhumé des pépins de poires de nombreux sites préhistoriques, ce qui permet de prétendre que le poirier était déjà répandu dès l'époque néolithique dans toute l'Europe occidentale. Sa culture aurait commencé en Chine, quatre mille ans avant notre ère. Croisés par l'homme entre eux et avec diverses espèces asiatiques, les poiriers ont donné naissance à des milliers de variétés dont la plupart sont proches des formes sauvages. Jusqu'à ce que les Romains, pratiquant la greffe, améliorent et développent des variétés comestibles – Caton l'Ancien en compte six variétés au IIe siècle avant J.-C. et plus tard Pline, quarante et une –, les poires servaient avant tout à préparer le «poiré», boisson aussi populaire que le cidre.

La poire est l'un des fruits qui offre le plus de variétés, de qualités différentes selon leur usage, certaines sont immangeables crues mais souvent excellentes cuites, d'autres sont transformées en poiré ou destinées à l'appertisation. En France, il existe encore des poiriers sauvages – quatre espèces – et des variétés très anciennes liées à un terroir, une ville ou une région ou, simplement, à un parfum précis (la poire bergamote).

Les variétés les plus répandues sur le plan national sont destinées à une consommation dite «à couteau». On les classe en trois catégories, en fonction de la période de récolte ou de commercialisation.

Les poires d'été sont récoltées de mi-juillet à septembre et commercialisées jusqu'en octobre. La plus célèbre de ces poires d'été est la Williams qui fut créée en 1816 par l'Anglais Richard Williams. Le fruit est magnifique, long, plutôt gros, l'épiderme lisse et brillant, coloré de jaune à maturité, la chair fondante, fine, délicate, sucrée et parfumée. Un inconvénient : mûre, la Williams est fragile. C'est également avec elle que l'on fabrique la célèbre Williamine. Sa précocité permet d'astucieux mélanges en confiture. L'autre poire d'été est la Guyot que le bon docteur Jules Guyot a obtenue en 1870. Le fruit est plutôt gros, la peau lisse, vert clair puis jaune en mûrissant, la chair fondante, sucrée et acidulée, mais moins parfumée que sa compagne en précocité. Inutile de la laisser attendre, après octobre elle devient blette.

Les poires d'automne se récoltent de mi-septembre à novembre et sont commercialisées jusqu'en février/mars. Dès septembre apparaît la Beurré Hardy, obtenue en 1820 par M. Bonnet, de Boulogne-sur-Mer. C'est probablement la plus parfumée de toutes les poires. Son apparence n'est pas très engageante, l'épiderme est épais, rugueux, la couleur fauve bronzé, le calibre moyen, mais quelle chair !

La Louise-Bonne d'Avranches est petite, franchement petite, on l'appelle aussi Louise-Bonne de Jersey, Louise-Bonne de Longueval ou Bonne Louise. On la doit à M. Longueval qui l'a obtenue vers 1870 et dédiée à sa femme prénommée Louise. Elle se plaît en altitude bien que sa ville natale soit située au bord de la mer. Son épiderme est fin, délicat, lisse, un peu cireux et franchement bicolore, jaune verdâtre sur une face, rose-rouge sur l'autre. Sa saveur est particulière, quelquefois âpre.

Il est impossible de confondre la Conférence avec n'importe quelle autre poire. Obtenue par M. Rivers en 1885, elle a la particularité d'être très régulièrement allongée. Son épiderme est épais, jaune citron, veiné de vert et de brun, sa chair légèrement acidulée, parfumée, blanc saumoné. Sa fermeté lui assure une belle résistance à la cuisson.

La Doyenné du Comice est la reine du compotier. Le fruit est gros, régulier, l'épiderme jaune marbré de fauve et de rouge, la chair fondante, blanche, douce, parfumée. Elle fut élevée dans le jardin du Comice horticole d'Angers et fut primée en 1849. Elle le mérite bien, elle est l'archétype de la poire qu'on aime.

De janvier à mars arrive à maturité la Passe-Crassane, obtenue en 1845 par M. Boisbunel, de Rouen. Un fruit très gros, à l'épiderme vert jaunâtre taché de roux, si épais et si rugueux qu'on hésite à le manger. Sa chair est très blanche, légèrement granuleuse. Elle patauge dans le vin avec complaisance.

Confiture de poires à la gelée de pommes

Ingrédients
pour 4 pots de 375 g
1,2 kg de poires, soit 1 kg net de chair
1 litre d'eau
3 pommes fermes, juteuses et acidulées (600 g)
3/4 de litre d'eau
Sucre cristallisé à peser
Le jus d'un citron
1 gousse de vanille

Laver les pommes. Avec un couteau, ôter la queue et le trognon. Couper les fruits, sans les peler, en petits morceaux. Les mettre dans une casserole avec les 3/4 de litre d'eau, couvrir. À partir de l'ébullition, compter 30 minutes de cuisson. Égoutter dans une passoire fine pour recueillir le jus. *La pulpe peut servir à faire une compote : la passer au moulin à légumes, grosse grille, et sucrer à volonté.*

Éplucher les poires, les couper en petits morceaux. Les déposer dans la casserole avec 1 litre d'eau et le jus de citron. Couvrir et laisser cuire à frémissement pendant 20 minutes. Égoutter.

Peser le jus de pommes, le verser dans la bassine à confiture avec le même poids de sucre cristallisé. Laisser fondre le sucre pendant 15 minutes. Puis mettre la bassine sur le feu. Porter à ébullition, maintenir 5 minutes de bouillottements. Ajouter les poires et la gousse de vanille fendue et bien grattée, et prolonger la cuisson pendant 30 minutes.

Sortir les poires avec l'écumoire, les répartir dans les pots. Faire réduire le sirop pendant 5 bonnes minutes. Retirer la gousse de vanille et verser le sirop dans les pots.

Couvrir à froid selon la méthode choisie.

Le Pomélo (Pamplemousse)

Pas facile de s'y retrouver avec la famille Pamplemousse. Bien souvent, en effet, sur les marchés, on nous propose des «pamplemousses», qui sont en réalité des pomélos. La confusion des noms vient du fait que le pamplemousse, le vrai, était connu en Europe, au Royaume-Uni, sous le nom *pomelo*, *pummelo* ou encore *shaddock*, et les Néerlandais l'appellent *pompelmoes*; aussi lorsque le pomélo est apparu en France, la confusion entre les deux noms s'est installée...

Le pamplemousse vrai, *Citrus grandis* ou *C. maxima*, originaire d'Asie, est un gros fruit en forme de poire, à peau épaisse de couleur jaune ou verte, qui peut peser plusieurs kilos. Son écorce est très âcre, sa chair sans jus est immangeable, amère comme chicotin. On l'utilise quelquefois en confiture, souvent en parfumerie.

Le pomélo – *grape-fruit* en anglais –, issu de l'arbre *Citrus x paradisi*, est le plus courant sur nos étals. Voici son histoire : le pamplemousse vrai – asiatique, je le rappelle – fut introduit aux Barbades, à la fin du XVIIe siècle, par le capitaine anglais Shaddock. Le pomélo, issu des amours d'une orange et d'un pamplemousse, sera découvert aux Bahamas au début du XIXe siècle par un Français, qui l'acclimate en Floride. En effet, le comte Philippe Odet, chirurgien en chef de la Marine impériale, participe à la bataille de Trafalgar dont on connaît l'issue peu glorieuse pour notre flotte. Les Anglais font prisonnier le médecin et l'envoient en captivité à la Jamaïque où, n'ayant rien d'autre à faire, il se passionne pour le pamplemoussier. Dès sa libération, il s'installe aux États-Unis pour y exercer la médecine et s'adonner à la culture de son fruit favori. Pas de guerre, pas de… Ne refaisons pas l'Histoire.

Le pomélo doit avoir la peau fine, la pulpe douce et juteuse. Il pousse en grappe d'où son nom anglo-saxon de *grape-fruit*. Ce fruit est d'une patience rare : mûr en septembre, il peut rester sur l'arbre sans pourrir ni tomber pendant au moins un an, il assiste quelquefois à l'arrivée des fleurs, voire même des fruits de la génération suivante. Non seulement il est patient, mais il est docile, il accepte des changements de couleur de peau et de pulpe qui pourraient donner le tournis. Une année, sa chair est blanche et sa peau jaune, puis, selon la mode, la peau tourne au rose et la chair reste blanche, ou inversement, la peau se maintient au jaune mais la chair rosit. Depuis quelque temps, on le fait rouge, chair et peau. Il accepte tout cela, ce brave pomélo, sans regimber. On lui raréfie les pépins, mieux, on les lui supprime, il ne pipe mot. On lui transforme même la peau, elle était épaisse, protectrice, elle est devenue mince, fine, fragile. Aucune révolte. Il subit.

Le pomélo ne sait que faire pour nous être agréable à nous, Français. Forcément, me direz-vous, nous sommes parmi ses plus gros consommateurs avec 2,7 kilos par personne et par an, alors que les Italiens le boudent (0,89 kilos), et que les Allemands et les Anglais en sont peu friands. Il n'y a que nous pour le mettre à toutes les sauces, en entrée, en dessert, en jus, avec des crevettes, du crabe, du poisson et, pourquoi pas, du poulet et du veau !

Quelle que soit son origine, le pomélo nous envahit toute l'année ; d'octobre à mai, il débarque des États-Unis, d'Israël, de Chypre, de Turquie, du Honduras : des pomélos de partout sont sur les étals et rivalisent de goût, de couleur. Nous pourrions espérer être tranquilles en été pour consommer nos pêches, nos abricots, nos prunes. Pas du tout ! Le pomélo d'Afrique du Sud ou d'Argentine prend le relais. Pas de répit, vous dis-je, nous sommes envahis.

Gelée de pomélos

Ingrédients
pour 4 pots de 375 g
1 kg de pomélos roses (non traités)
1 kg de pommes
1 kg de sucre cristallisé
Le jus d'un citron

Couper en 4 ou 6 ou 8 les pomélos et les mettre dans l'extracteur de jus (voir p. 20).

Récupérer le jus, en peser 600 g. Réserver.

Couper les pommes en 4 ou 6, après les avoir passées sous l'eau fraîche et équeutées. Les mettre dans l'extracteur de jus.

Selon la variété de pomme, on peut obtenir plus ou moins de jus, il convient de ne pas peser plus de jus de pomme que de jus de pomélo.

Dans une bassine, verser le jus de pomme, le jus de pomélo, le sucre, le jus de citron et les pépins prélevés sur les pomélos, emballés dans le nouet de mousseline. Porter à ébullition en remuant délicatement. Écumer.

Maintenir la cuisson à gros bouillons pendant 15 minutes sans cesser de remuer. Écumer si nécessaire.

Retirer le nouet de pépins.

Mettre en pots aussitôt et couvrir à froid selon la méthode choisie.

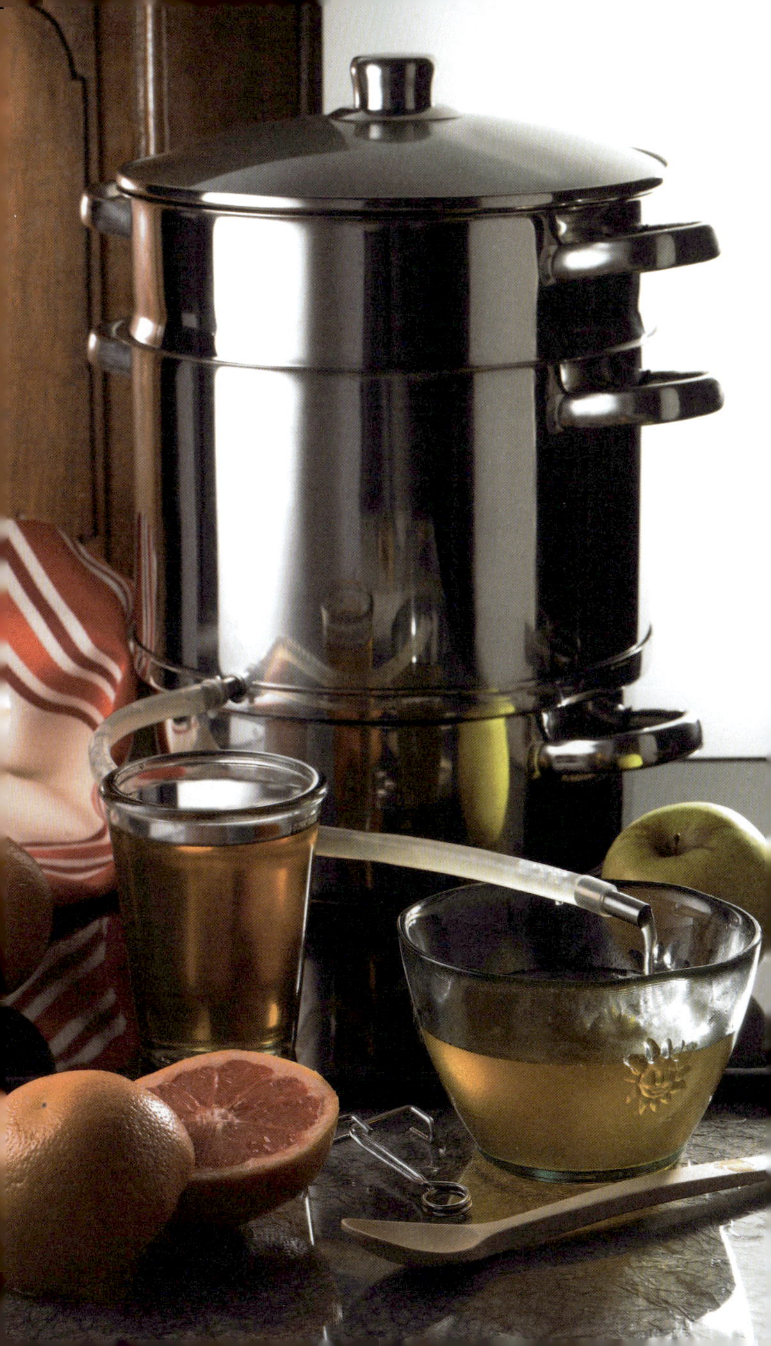

La Pomme

Créer une pomme nouvelle demande un travail qu'il est difficile de se représenter. Il faut d'abord de l'imagination : goûter de nombreuses variétés, mémoriser les saveurs puis les combiner en tenant compte des critères de compatibilité. Les coloris des deux pommes à accoupler doivent se compléter, les dates de floraison et de maturité coïncider, les qualités gustatives se marier. Lorsque, arbitrairement, le choix des deux élues est établi, on cueille les fleurs – pas trop ouvertes – de l'une d'entre elles, on récupère délicatement leurs étamines que l'on installe avec amour dans une coupelle que l'on place dans un dessiccateur avec du chlorure de sodium. Pas très gai. Sans perdre de temps et sans abandonner le futur conjoint de la première variété, il faut se précipiter vers la seconde, choisie pour le mariage, lui dégager le pistil, le mettre en valeur en arrachant d'un coup sec pétales et sépales qui l'entourent, et le badigeonner au pinceau avec le pollen séché sur la coupelle. À ce stade de l'opération, le néophyte espère un spectacle torride, des cris, des soupirs… Rien. Les amours de pommes sont discrètes, d'autant plus qu'elles sont « arrangées » et publiques. Le dernier coup de pinceau sur le pistil donné, on le protège dans un pochon de papier blanc, car à découvert, nu, le pistil pourrait tenter quelques insectes pollinisateurs parasites. On établit une sorte de contrat de mariage sous forme d'étiquettes accrochées à la branche du pistil et indiquant le nom des heureux mariés.

On s'arme de patience, on attend la récolte. Le moment d'admirer le « bébé » issu du mariage des deux variétés choisies par le pomologue est arrivé. On s'ébaudit sur l'harmonie des couleurs, on applaudit aux accords de saveur.

Les trompettes sonnent, les musettes résonnent, les pépins sont récupérés, plantés. Reste à attendre de nombreuses années pour que les promesses soient tenues.

Pourquoi tant de mal pour créer de nouvelles variétés qui, généralement, sont loin de procurer autant de plaisir que les anciennes, oubliées mais toujours disponibles dans les conservatoires de végétaux ? Avant ces hybridations, les pommes étaient peut-être moins jolies mais quel goût, quel jus ! On y reviendra peut-être…

Gelée de pommes

Ingrédients
pour 4 pots de 375 g
4,2 kg de pommes fermes, juteuses et acidulées
Sucre cristallisé (40 % du poids du jus
de pommes)
1 litre d'eau, plus 1 verre (20 cl)

Laver les pommes, enlever queues, cœurs et trognons au vide-pomme.

Couper les fruits en petits morceaux sans les peler. Les mettre dans la bassine à confiture avec le litre d'eau et laisser cuire doucement à petits bouillons pendant 30 minutes. Égoutter dans une passoire fine en pressant légèrement les fruits avec le dos de l'écumoire. Peser le jus recueilli (*environ 1,3 kg*) et préparer 40 % de ce poids en sucre (*environ 520 g*).

Verser le sucre et le verre d'eau dans la bassine, laisser fondre pendant 5 minutes. Mettre la bassine sur le feu, porter lentement à ébullition et compter 5 minutes de bouillottements (102 °C au thermomètre). Ajouter le jus des pommes et maintenir la cuisson pendant 20 minutes. Écumer.

Mettre en pots aussitôt et couvrir à froid selon la méthode choisie.

Après avoir égoutté les pommes, on peut faire une excellente compote. Passer la pulpe au moulin à légumes, grosse grille, et sucrer à volonté.

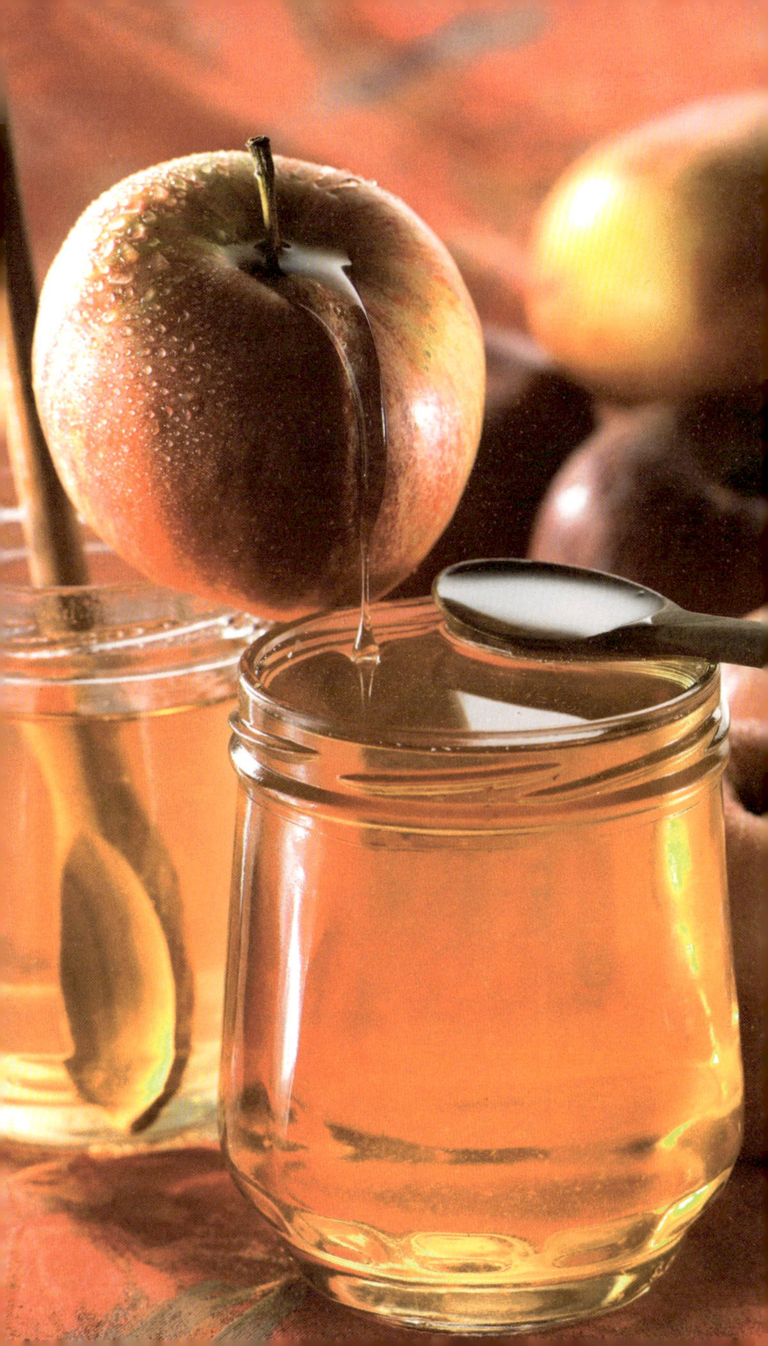

La Prune

Le pruneau n'est pas le mari de la prune mais simplement une variété ayant subi une préparation de séchage. On ne prête qu'aux riches et il y a tant de variétés de prunes... Rares sont les fruits ayant côtoyé l'histoire de France d'aussi près et offrant matière à tant de violentes polémiques. En effet, pendant une quinzaine de siècles, la prune fut l'objet de rumeurs, de discordes dont sa réputation a souffert. Les tenants de la prune «laxative» s'opposèrent violemment à ceux qui prétendaient qu'elle était «constipante». Athénée était du camp des lâchants, Dioscoride soutenait le contraire. Médecins, apothicaires, charlatans, personne n'était du même avis. On admet volontiers qu'elle est définitivement libératrice. Tous ces beaux esprits, préoccupés par les effets de la prune sur leurs viscères, n'avaient peut-être pas recours aux mêmes variétés pour leurs expériences.

Sous la dénomination de prune on trouve de tout, des peaux rouges à chair jaune doré, des noires à chair jaune, des jaunes à chair jaune, des violettes dont l'intérieur est jaune. Je n'aurais garde d'oublier celles dont les couleurs, extérieure et intérieure, sont assorties. Ne parlons pas des calibres ni de la forme, encore moins des noms. Dans la grande famille des prunes, on doit également ranger les quetsches, les mirabelles et les reines-claudes. Reconnaissez que l'amateur peut se tromper.

Il fut une époque où tout était plus simple. La première prune qui réussit à se faire un nom fut celle de Damas, rapportée de Syrie par les croisés au retour de leurs expéditions. La deuxième fut la Reine-Claude, baptisée ainsi par le botaniste Pierre Belon en l'honneur de l'épouse de François Ier. Cette prune est une beauté à peau verte, semée de plumetis rouge, à chair jaune et juteuse. La reine était laide comme la vertu. Hommage posthume puisque la prune fut baptisée un an après sa disparition. La troisième prune à s'être fait un nom est la Prune de Monsieur, fruit préféré de Gaston d'Orléans, frère de Louis XIII. Après ces prunes historiques, au hasard de l'Histoire, on trouve la Mignonne, la Rognon de Coq, la Sainte-Catherine.

Quoi qu'il en soit, les prunes sont exquises, parfumées, elles aiment la confiture, les tartes, les clafoutis et ne dédaignent pas être traitées comme des cornichons, à l'aigre-doux.

Confiture de reines-claudes (1)

Ingrédients
pour 4 pots de 375 g
1 kg de reines-claudes, soit 900 g net de chair
800 g de sucre cristallisé
1 demi-citron
1 verre d'eau (20 cl)

Laver les reines-claudes, les égoutter, les dénoyauter.

Dans la bassine à confiture, porter lentement l'eau et le sucre à ébullition. Maintenir 3 minutes (102 °C au thermomètre) en remuant avec la cuillère en bois.

Ajouter les fruits, remuer doucement, ajouter le jus du demi-citron et ce qu'il en reste. Laisser cuire à petits bouillons 25 bonnes minutes (100/102 °C au thermomètre). Retirer le citron.

Mettre en pots aussitôt et couvrir selon la méthode choisie.

Confiture de reines-claudes (2)

Ingrédients
pour 4 pots de 375 g
1,1 kg de reines-claudes, soit 1 kg net de chair
800 g de sucre cristallisé

Laver les reines-claudes, les égoutter, les dénoyauter. Les mélanger avec le sucre dans un saladier. Couvrir et tenir au frais, dans l'obscurité, pendant 48 heures, en remuant la préparation plusieurs fois.

Égoutter le contenu du saladier au-dessus de la bassine à confiture. Réserver les fruits. Faire réduire le sirop pendant 2 minutes à petits bouillons, écumer. Ajouter les fruits, faire reprendre l'ébullition et maintenir la cuisson pendant 15 minutes, en écumant à nouveau après 10 minutes.

Sortir les reines-claudes avec l'écumoire, les répartir dans les pots. Faire réduire le sirop pendant 5 minutes avant de le verser sur les fruits. *Pour assurer un bon mélange, remuer délicatement le contenu de chaque pot avec une fourchette préalablement trempée dans de l'eau bouillie.*

Couvrir aussitôt selon la méthode choisie.

Confiture de prunes d'Ente

Ingrédients
pour 4 pots de 375 g
1,3 kg de prunes d'Ente, soit 1,1 kg net de chair
650 g de sucre cristallisé
Le jus d'un demi-citron

Laver les prunes, les dénoyauter. Les mélanger dans un saladier avec le sucre. Couvrir et tenir au frais, dans l'obscurité, pendant 24 heures, en remuant la préparation deux ou trois fois.

Égoutter les prunes au-dessus de la bassine à confiture. Porter lentement le jus à ébullition. Maintenir 6 minutes de cuisson (100/102 °C au thermomètre). Écumer, puis ajouter les fruits et le jus de citron. Faire reprendre l'ébullition pour 2 minutes, en remuant doucement avec la cuillère en bois et en raclant les bords de la bassine pour remettre en cuisson le sirop qui s'y accroche. *La confiture prend alors de la transparence et une belle couleur rubis.*

Mettre en pots aussitôt et couvrir selon la méthode choisie.

Si la peau des prunes semble trop épaisse, commencer par plonger les fruits une minute dans l'eau bouillante et les rafraîchir dans un bain d'eau froide. La peau s'enlève alors facilement à l'aide d'un petit couteau.

Le Raisin

Le raisin est le fruit de la vigne. Traditionnellement, on distingue le raisin de cuve qui sert à l'élaboration du vin et le raisin de table qu'on appelle aussi «raisin de bouche». La consommation de ce dernier est relativement récente en France, même si François Ier fit planter à Thomery, près de Fontainebleau, en 1530, le célèbre chasselas. On admet que la culture de la vigne a commencé il y a quatre mille ans, à partir d'espèces sauvages du Proche-Orient. D'après la Bible, Noé aurait planté de la vigne après le déluge. Il y a près de deux mille ans, Pline l'Ancien recensait près de quatre-vingt-dix variétés de raisins de table et une bonne cinquantaine pour la fabrication du vin.

On peut faire des confitures et des gelées avec l'un ou l'autre de ces raisins. La première confiture de raisin fut le raisiné, fabriqué généralement avec les raisins oubliés ou négligés par les vendangeurs et grappillés par les pauvres. Le jus de ces raisins était suffisamment riche en sucre pour éviter qu'on en rajoute. Cette confiture devint rapidement une institution vigneronne. Petit à petit, le raisiné a quitté le monde de la glane pour agrémenter les tartines des «propriétaires». Bien que l'illustre Parmentier ait codifié la recette, les cuisinières des châteaux bordelais l'améliorèrent en récupérant directement le jus du raisin au pressoir et en l'enrichissant de quelques fruits du verger. Le dernier que j'ai mangé dans le Bordelais était bien loin de la tradition. Dans une gelée sombre et translucide, des fruits exotiques étaient en suspension. Résultat délicieux mais qui n'a pas réussi à me faire oublier le raisiné rustique de Château Talbot. Liés dans une sorte de mélasse vineuse et parfumée, se mêlaient des morceaux de poires, de pommes, de potiron, de coings, de melons et de gros grains de raisin épépinés, juteux. Une merveille de saveur et de texture.

La confiture de raisin exige de la patience. Il faut l'âme d'une épépineuse barisienne face à sa grappe de groseilles et sa dextérité pour éliminer chaque pépin avec une plume d'oie affûtée sans abîmer le grain. De nos jours, le cure-dent facilite bien les choses.

Raisiné au raisin muscat

Ingrédients
pour 1 pot de 375 g
2 kg de raisin muscat, soit 1,5 kg net de jus

Laver et égrapper le raisin. Écraser les grains au moulin à légumes, grille fine, ou utiliser un extracteur de jus (voir p. 20).

Verser le jus recueilli dans la bassine à confiture et laisser cuire doucement pendant 1 heure environ, en écumant et en remuant fréquemment. *Le jus bien réduit doit donner environ un pot de raisiné.* Filtrer le raisiné au travers d'une passoire fine.

Mettre en pot aussitôt et couvrir selon la méthode choisie.

* **Variante :** le raisiné aux fruits.

Compter 750 g net de fruits – poires Doyenné du Comice ou Williams, pommes Calville ou Reinette, coings mûrs à point – pour 1 litre de jus de raisin.

Éplucher les fruits, les couper en morceaux. Les plonger dans une casserole d'eau bouillante pendant 2 minutes, les rafraîchir à l'eau froide, égoutter. Ajouter les fruits au jus de raisin dans la bassine après le premier quart d'heure de cuisson.

Maintenir la cuisson à feu doux pendant environ 1 heure pour que les fruits compotent dans le raisiné. *Le temps de cuisson dépend des fruits employés.*

Mettre en pot aussitôt et couvrir selon la méthode choisie.

Confiture de raisin blanc à la poire

Ingrédients
pour 4 pots de 375 g
1,2 kg de raisin blanc égrappé (chasselas)
3 poires (360 g)
850 g de sucre cristallisé
1/2 citron
1 gousse d'ail
1 petit verre d'eau (15 cl)

Laver et égrapper le raisin en éliminant les grains abîmés.

Mettre les grains de raisin dans une casserole avec l'eau et la gousse d'ail (*l'ail développe le goût du raisin*). Couvrir et faire éclater les grains à feu doux pendant 15 minutes. Laisser reposer un instant (*les pépins tombent au fond de la casserole*), puis égoutter doucement dans une passoire et récupérer le jus.

Verser le contenu de la passoire sur une assiette, ôter la gousse d'ail et éliminer avec une cuillère les pépins qui restent attachés aux grains.

Dans la bassine à confiture, porter lentement 1 verre de jus de raisin et le sucre à ébullition en remuant avec la cuillère en bois. Maintenir la cuisson 5 minutes (100/102 °C au thermomètre).

Ajouter les grains éclatés, le reste de jus de raisin, le jus du demi-citron pressé et ce qu'il en reste. À la reprise de l'ébullition, compter 25 minutes de bouillottements.

Pendant ce temps, éplucher les poires. Passer la chair au moulin à légumes, grille fine, ou au mixeur. Verser la purée de poires ainsi obtenue dans la bassine.

Bien mélanger avec le raisin et maintenir la cuisson pendant 30 minutes. *La pulpe de poire a un effet clarifiant et va permettre aux derniers pépins de remonter à la surface. Les enlever soigneusement avec une cuillère.* Retirer les restes du citron.

Mettre en pots aussitôt et couvrir selon la méthode choisie.

* **Variante :** remplacer la poire par de la pomme.

Gelée de raisin muscat

Ingrédients
pour 4 pots de 375 g
2 kg de raisin muscat égrappé, soit 1,5 kg de jus
600 g de sucre cristallisé
15 cl d'eau

Laver et égrapper le raisin. Écraser les grains au moulin à légumes, grille fine. Passer le jus recueilli au travers d'une passoire fine.

Dans la bassine à confiture, porter lentement l'eau et le sucre à ébullition, compter 4 minutes de cuisson (105 °C au thermomètre). Ajouter le jus de raisin et maintenir la cuisson 20 minutes à petits bouillons, en écumant après 5 minutes. Remuer fréquemment, surtout en fin de cuisson.

Mettre en pots aussitôt et couvrir à froid selon la méthode choisie.

La Rhubarbe

La rhubarbe est connue depuis cinq mille ans et l'on situe son origine dans les grandes plaines d'Ukraine. Jusqu'au XVIIIe siècle, sa notoriété est liée aux propriétés médicinales de ses seules racines que convoyaient les caravaniers arabes depuis la Mongolie. Elles étaient parées de toutes les vertus, légèrement laxatives ; on dit qu'elles favorisaient l'appétit, fortifiaient l'estomac et rétablissaient le fonctionnement du foie.

Son introduction en France est mystérieuse, on évoque un consul français en poste en Chine, expédiant en 1867 une caisse de racines de rhubarbe de Sichuan, arrivées à destination, déjouant les pronostics et miraculeusement acclimatées dans nos potagers. La plus plausible des hypothèses reste que les Anglais, déjà friands de la rhubarbe au XVIe siècle, l'auraient introduite en France au milieu du XVIIIe siècle, date à laquelle elle quitte l'officine des apothicaires pour s'installer sur la table des gourmets.

Peu de potagers qui n'exhibent une ou plusieurs touffes de somptueuses feuilles cannelées, posées sur de robustes pétioles verts ou grenat. Seules les tiges sont consommables, la feuille est acide et abondamment chargée en acide oxalique.

Les tiges de rhubarbe récoltées au printemps sont meilleures et moins acides que celles d'automne. Elles doivent être préparées fraîches, le réfrigérateur les assèche alors que la congélation leur convient bien et permet ainsi des mélanges confituriers avec d'autres fruits à maturité plus tardive.

La rhubarbe est bonne fille, tous les mariages lui conviennent à condition qu'on lui garantisse un minimum de sucre pour pallier une acidité exacerbée. Romarin, thym, anis, fraise, framboise, datte, citron, cannelle, gingembre sont ses compagnons de confiture habituels. La compote est un mode de préparation qui lui convient fort bien tout comme la tarte ou mieux, les *pies*.

Confiture de rhubarbe

Ingrédients
pour 4 pots de 375 g
1,5 kg de rhubarbe, soit environ 1,3 kg net
1,1 kg de sucre cristallisé
Le jus d'un citron
1 verre d'eau (20 cl)

Effiler soigneusement les tiges de rhubarbe, les couper en tronçons de 4 à 5 cm. Les déposer au fur et à mesure dans un récipient d'eau fraîche additionnée de jus de citron.

Dans la bassine à confiture, porter lentement l'eau et le sucre à ébullition. Maintenir 6 minutes de cuisson (105 °C au thermomètre). Ajouter la rhubarbe bien égouttée. Faire repartir l'ébullition pour 2 minutes, puis réduire le feu au minimum et laisser compoter pendant 10 minutes en remuant à 3 ou 4 reprises avec la cuillère en bois. Augmenter la puissance du feu et maintenir la cuisson pendant 20 minutes en remuant fréquemment. *Le temps de cuisson varie selon la maturité de la rhubarbe. Vérifier : le sirop doit napper la cuillère.*

Mettre en pots aussitôt et couvrir selon la méthode choisie.

* **Variante :** ajouter en fin de cuisson un pot de confiture de fraises, mélanger et donner 1 minute d'ébullition. Mettre en pots aussitôt et couvrir selon la méthode choisie.

La Tomate

Quand Christophe Colomb découvrit, en même temps que l'Amérique, la tomate et qu'il la rapporta en Europe, pouvait-il imaginer que, quatre siècles plus tard, elle deviendrait le premier légume fruit consommé en France et le premier légume cultivé dans le monde après la pomme de terre? Pas un pays qui n'en produise et ne se batte pour exporter sa production ou se protéger des importations.

Quel chemin parcouru! Que de difficultés pour s'imposer en cuisine! La tomate fut d'abord considérée comme une plante ornementale. Son appartenance à la famille des solanacées lui fit beaucoup de tort, d'autant qu'elle ressemblait à la baie de la belladone avec ses cinq sépales pointus persistant à l'aisselle de leur fruit. On appelait la belladone «l'herbe à la mort» ou la «cerise enragée»; elle participait à la composition du fameux «onguent des sorcières» qui provoquait un profond sommeil de plusieurs jours lorsqu'on s'en enduisait le corps. Une pareille parenté ne pouvait qu'entretenir la confusion et créer quelques difficultés pour s'introduire dans l'univers de la gastronomie.

C'est seulement en 1778 qu'elle apparaît dans la rubrique des plantes potagères du catalogue des graines de la maison Vilmorin Andrieu. Dans celui qui parut en 1904, le nom des variétés fait rêver. Elles étaient Reine des Hâtives, Champion Écarlate, Merveille des Marchés. Certains fruits prétendaient atteindre les sept à huit cents grammes pièce. On vantait les mérites de la tomate «pomme», «poire», «violette». On était fantaisiste, coloriste et gourmand au début du siècle dernier. Maintenant, quand on est tomate, on ne peut plus s'afficher que ronde, côtelée ou allongée. On pousse sous serre, on est unicolore, triste et sans saveur.

Heureusement, certains producteurs ont encore à cœur de poursuivre la culture de la tomate de plein champ, notre bonne vieille tomate de pays, typiquement la tomate de l'été, savoureuse, gorgée de soleil, physiquement irrégulière et malheureusement soumise aux aléas climatiques. Son parfum est caractéristique. Elle fait merveille dans une bassine en cuivre.

Confiture de tomates et quetsches au thym frais

Ingrédients
pour 4 pots de 375 g
2 kg de tomates, soit 1,1 kg net de chair
350 g de quetsches
1,2 kg de sucre cristallisé
1 citron
30 cl d'eau
1 brindille de thym
12 grains de poivre noir
1 cuillère à café de quatre-épices

Plonger les tomates 45 secondes dans une casserole d'eau bouillante, les rafraîchir dans un bain d'eau froide, les peler, les couper en deux dans la largeur, les presser entre les mains pour éliminer les pépins et l'excès de jus. Laisser égoutter la chair dans une passoire.

Peler les quetsches de la même façon mais en les ébouillantant 1 minute. Les dénoyauter. Réserver la chair dans un saladier. Enfermer les peaux dans un nouet de gaze avec la brindille de thym et les grains de poivre.

Dans la bassine à confiture, porter lentement l'eau et le sucre à ébullition en remuant avec la cuillère en bois. Maintenir 5 minutes de cuisson (102 °C au thermomètre). Ajouter les tomates bien égouttées, la cuillerée de quatre-épices, le nouet, le jus du citron pressé et ce qu'il en reste. Laisser cuire 30 minutes en remuant fréquemment. Ajouter alors la chair des quetsches et maintenir la cuisson pendant 30 bonnes minutes. Retirer le nouet et les restes du citron.

Mettre en pots aussitôt et couvrir selon la méthode choisie.

Confiture de tomates vertes, reines-claudes et pomélo

Ingrédients
pour 4 pots de 375 g
1,6 kg de tomates vertes, soit 1 kg net de chair
500 g de reines-claudes
1 demi-pomélo
950 g de sucre cristallisé, plus 1 cuillère à soupe

Plonger les tomates 3 minutes dans une casserole d'eau bouillante, les rafraîchir dans un bain d'eau froide, les peler. Les couper en deux, retirer le cœur et les pépins.

Peler les reines-claudes de la même façon mais en les ébouillantant 1 minute seulement. Les dénoyauter. Réserver la chair dans un saladier et enfermer les peaux dans un nouet de gaze.

Prélever un ruban de zeste sur le demi-pomélo, le hacher finement, le faire bouillir 5 minutes dans une petite casserole d'eau. Égoutter et rafraîchir sous l'eau froide.

Dans un saladier, mélanger la chair des tomates avec le sucre, couvrir et laisser macérer 2 heures.

Égoutter les tomates au-dessus de la bassine à confiture, porter lentement le jus à ébullition et maintenir la cuisson 3 minutes. Ajouter les tomates et laisser cuire 35 minutes à petits bouillons, en remuant à plusieurs reprises.

Ajouter les reines-claudes, le nouet, le zeste haché et le jus du demi-pomélo, et laisser bouillotter pendant 35 minutes en remuant fréquemment. Retirer le nouet.

Mettre en pots aussitôt et couvrir selon la méthode choisie.

Confiture de tomates vertes, reines-claudes et poires

Ingrédients
pour 4 pots de 375 g

1,5 kg de tomates vertes, soit environ 900 g net de chair
250 g de reines-claudes
2 belles poires (300 g)
1 citron
900 g de sucre cristallisé, plus 2 cuillères à soupe
2 cuillères à soupe d'eau

Plonger les tomates 3 minutes dans une casserole d'eau bouillante, les rafraîchir dans un bain d'eau froide, les peler. Les couper en deux, retirer le cœur et les graines. Peser la chair des tomates. La mélanger dans un saladier avec le même poids de sucre. Couvrir et laisser macérer au frais pour la nuit.

Égoutter les tomates dans une passoire au-dessus de la bassine à confiture. Porter lentement le jus à ébullition, compter 4 bonnes minutes de cuisson (102 °C au thermomètre). Ajouter la chair des tomates, le jus du citron pressé et ce qu'il en reste. Laisser cuire 45 minutes à petits bouillons, en remuant fréquemment.

Laver et dénoyauter les reines-claudes. Les mettre dans une casserole avec deux cuillerées à soupe d'eau et deux cuillerées à soupe de sucre, bien mélanger et mettre sur feu doux. Lorsque les prunes ont rendu leur jus, ajouter les poires épluchées et coupées en petits morceaux. Laisser cuire 3 minutes. Verser ce mélange de fruits dans la bassine et maintenir la cuisson pendant 30 minutes (100/102 °C au thermomètre). Retirer les restes de citron.

Mettre en pots aussitôt et couvrir selon la méthode choisie.

Table des recettes

L'Abricot
Confiture d'abricots traditionnelle 72
Confiture d'abricots 74

L'Ananas
Confiture d'ananas 80

La Banane
Confiture de bananes 86
Confiture de bananes et oranges 88

Le Cassis
Gelée de cassis et groseilles 94

La Cerise
Confiture de cerises noires 100
Confiture de cerises 102
Confiture de cerises et framboises 104
Confiture de cerises au jus de framboises et groseilles 106

La Châtaigne ou le Marron
Confiture de marrons 112

Le Citron
Confiture de citrons 116

La Clémentine
Confiture de clémentines 122

Le Coing
Gelée de coings 128
Gelée de coings à la cannelle 130
Gelée de coings à la cannelle et au gingembre confit 132

La Figue
Confiture de figues 138

La Fraise
Confiture de fraises 144
Confiture de fraises confites 146
Gelée des quatre-fruits 147

La Framboise
Gelée de framboises 151

La Groseille
Confiture de groseilles rouges aux grains de cassis 156
Gelée de groseilles (1) 157
Gelée de groseilles (2) 158
Gelée de groseilles entières 160
Gelée de groseilles à froid 162
Gelée de groseilles et framboises 164

Le Kiwi
Confiture de kiwis 170

Le Kumquat
Confiture de kumquats 176

La Mangue
Confiture de mangues 182

Le Melon
Confiture de melon et framboises 188
Confiture de melon aux graines d'anis 190

La Mirabelle

Confiture de mirabelles 196
Confiture de mirabelles entières 197

La Mûre

Confiture de mûres sauvages 202
Gelée de mûres 203

La Myrtille

Confiture de myrtilles (1) 209
Confiture de myrtilles (2) 210
Gelée de myrtilles 212

L'Orange

Confiture d'oranges (1) 218
Confiture d'oranges (2) 220
Confiture d'oranges amères 222

La Pastèque

Confiture de pastèques 228
Confiture de citre 229

La Pêche, la Nectarine, le Brugnon

Confiture de fruits à noyaux 234
Confiture de pêches jaunes aux noisettes
et au gingembre confit 235
Confiture de brugnons et de framboises
au citron 237

La Poire

Confiture de poires à la gelée de pommes 242

Le Pomélo (Pamplemousse)

Gelée de pomélos 248

La Pomme
Gelée de pommes 254

La Prune
Confiture de reines-claudes (1) 260
Confiture de reines-claudes (2) 261
Confiture de prunes d'Ente 262

Le Raisin
Raisiné au raisin muscat 266
Confiture de raisin blanc à la poire 267
Gelée de raisin muscat 269

La Rhubarbe
Confiture de rhubarbe 274

La Tomate
Confiture de tomates et quetsches au thym frais 278
Confiture de tomates vertes, reines-claudes et pomélo 279
Confiture de tomates vertes, reines-claudes et poires 280

DU MÊME AUTEUR

Aux éditions Plon

Comme à la maison, tome 1, 1993 (J'ai lu, 1998)
Comme à la maison, tome 2, 1994 (J'ai lu, 1999)
De la vache folle en général et de notre survie en particulier, 1997
Le Marché, 1998 (J'ai lu, 1998)
Le Potager plaisir, 1998
Fleurs bonheur, 1999
Le Verger gourmand, 2000
Le Guide Coffe des pépinières, plantes et arbustes, 2000
À table, en famille avec 15 euros par jour, 2002 (Le Livre de Poche, 2003)
Mes vins préférés à moins de 10 € – Éditions 2002, 2003, 2004, 2005
Mon marché gourmand, 2003 (Le Livre de Poche, 2004)
CONSommateurs révoltons-nous !, 2004 (Pocket, 2005)
Mes vins plaisir à moins de 10 €, 2005
Les Recettes de cuisine de « Vivement dimanche prochain », 2006 (Le Livre de Poche, 2008)
La Véritable Histoire des jardins de Versailles, 2007
Les arbres et arbustes que j'aime, 2007
Le Plaisir à petit prix, 2009
Recevoir vos amis à petit prix, 2010

Directeur de collection :
Ce que nous devons savoir sur la pomme de terre, 2008
Ce que nous devons savoir sur la dinde, 2008
Ce que nous devons savoir sur l'œuf, 2008

Ce que nous devons savoir sur le beurre, 2008
Ce que nous devons savoir sur le lait, 2009
Ce que nous devons savoir sur les conserves, 2009

Aux éditions Jungle (Casterman)

Les Recettes inratables de Jean-Pierre Coffe, 2007
Les Desserts inratables de Jean-Pierre Coffe, 2008
Les Recettes de fêtes inratables de Jean-Pierre Coffe, 2008

Aux éditions Stock

Le Coffe Malin, 2005 (Pocket, 2005)
SOS Cuisine, 2006 (Marabout, 2007)

Aux éditions Seven Sept

Ce que nous mangeons, 2005 (livre DVD)

Aux éditions du Rouergue

Le Banquet de Bacchus : éloge de l'ivresse, 2002

Directeur de collection :
Le Monde des hortensias, 2001
Le Monde des plantes aquatiques de rives et de berges, 2002
Le Monde des plantes grimpantes, 2003
Le Monde des écorces, 2003
Le Monde des camélias, 2003
Le Monde des dahlias, 2003
Le Monde des sauges, 2004
Le Monde des plantes de terre argileuse, 2004
Le Monde des arbres d'ornement, 2005

Aux éditions Balland

À vos paniers, 1993
Coffe, 1995
Au bonheur des fruits, 1996

Aux éditions Le Pré aux Clercs

Le Bon Vivre, 1989 (Pocket, 1991)
Le Vrai Vivre, 1989 (Pocket, 1991)
Au secours le goût, 1992 (Pocket, 1993)

Aux éditions Le Signe

Gourmandise au singulier, 1979

Auteur de la pièce : *Descente aux plaisirs*, 1997

Composition réalisée par NORD COMPO

Achevé d'imprimer en mai 2010 sur les presses de
l'Imprimerie Moderne de l'Est
Dépôt légal 1re publication : juin 2010
LIBRAIRIE GÉNÉRALE FRANÇAISE – 31, rue de Fleurus – 75278 Paris Cedex 06

30/1846/2